Gilbert Adair

Adzio und Tadzio

Wladyslaw Moes, Thomas Mann, Luchino Visconti:
Der Tod in Venedig

Aus dem Englischen von Thomas Schlachter

Edition Epoca

Titel der englischen Originalausgabe:
»The Real Tadzio. Thomas Mann's ›Death in Venice‹ and the boy who inspired it«
© Copyright by Gilbert Adair 2001

1. Auflage, August 2002
© Copyright by Edition Epoca AG Zürich
Alle deutschsprachigen Rechte vorbehalten

Satz, Gestaltung und Umschlag Tatiana Wagenbach-Stephan,
Die Buchherstellung, Zürich
Druck und Bindung: fgb·Freiburger Graphische Betriebe
ISBN 3-905513-28-5

Inhalt

Tadzio und Thomas Mann	*9*
Wladyslaw Moes: der echte Tadzio	*26*
Visconti und die anderen	*80*
Das erloschene Ideal	*101*
Epilog	*112*

Drei Tage noch, und ich werde den Jungen überhaupt nicht mehr sehen, sein Gesicht vergessen. Aber nicht das Abenteuer meines Herzens. Aufgenommen ist er in die Galerie, von der keine »Literaturgeschichte« melden wird.

Thomas Mann, *Tagebuch,* 11. Juli 1950

Tadzio und Thomas Mann

An einem Dezembernachmittag des Jahres 1910 las Thomas Mann im engsten Familienkreis (Frau und älterer Bruder) die soeben fertiggestellte Kurzgeschichte »Wie Jappe und Do Escobar sich prügelten« vor. Der Mittdreißiger fühlte sich in jenen Tagen so vergrätzt und knurrig, so gereizt und genervt wie einer seiner eigenen neurotischen Helden. Er hatte die Vorarbeiten zu einem komischen Roman beiseite gelegt – vorübergehend, wie er fälschlicherweise glaubte: Erst gegen Ende seines Lebens sollte er wieder darauf zurückkommen. Hierbei handelte es sich um die schließlich im Jahre 1954 publizierten *Bekenntnisse des Hochstaplers Felix Krull. Der Memoiren erster Teil.* Außerdem machte ihm der entsetzliche Tod seiner jüngeren Schwester Carla zu schaffen, wenn auch weniger schwer, als man annehmen könnte. Die schaurigen Umstände ihres Selbstmordes (»da nahm sie ihr Zyankali, eine Menge, mit der man wohl eine Kompanie Soldaten hätte töten können«, schrieb Mann später mit einem bestürzenden Mangel an Geschwisterliebe) deuten darauf hin, daß die arme Carla nicht mehr recht zwischen der eigenen Existenz und den Melodramen zu unterscheiden wußte, in denen sie, die hoffnungslos drittklassige Schauspielerin, meist auftrat.

Da es Mann unmöglich gewesen war, sich auf arbeitsintensivere Projekte zu konzentrieren, hatte er hastig seine neue Erzählung niedergeschrieben, nachdem das unerwartete Zusammentreffen mit einem Jugendfreund, dem Grafen Vizthum von Eckstädt, in ihm Erinnerungen an die gemeinsame Schulzeit geweckt hatte, Erinnerungen, die er wie üblich sofort in Literatur umzuformen versuchte.

»Wie Jappe und Do Escobar sich prügelten« ist ein kleines, aber höchst gelungenes Beispiel für Manns Erzählkunst. Im Mittelpunkt der Geschichte steht der fruchtlose Faustkampf zwischen zwei Jugendlichen, einem Deutschen und einem Spanier. Als Ringrichter fungiert der ziemlich zweideutige Tanzlehrer Herr Knaak, der »mit den Fingerspitzen den Saum seines Gehrockes erfaßte, knickste, Kapriolen schnitt und unversehens in die Lüfte sprang, um dort oben mit den Füßen zu trillern und federnd auf das Parkett zurückzuplumpsen«. Ein dritter Junge, der zwölfjährige englische Cherub Johnny Bishop, ist als Zuschauer zugegen. Thomas Mann beschreibt den kleinen Johnny in seinem Sonntagsstaat wie folgt: »Auch war er bei weitem der erste Knabe der Stadt, der elegant und ausgesprochen herrschaftlich gekleidet wurde, nämlich in echte englische Matrosenanzüge mit blauem Leinwandkragen, Schifferknoten, Schnüren, einer silbernen Pfeife in der Brusttasche und einem Anker auf dem bauschigen, am Handgelenk eng zulaufenden Ärmel.« Und so begegnet uns der träge, nackte Johnny am Strand: »Er sah aus wie ein kleiner magerer Amor, wie er da lag, mit erhobenen Armen, seinen hübschen blond- und weichlockigen, länglichen, englischen Kopf in die schmalen Hände gebettet.« Bedenkt man, was der Autor ein knappes halbes Jahr später selbst erleben sollte, so mutet diese Beschreibung heranreifender Androgynie wie eine gespenstisch exakte Vorwegnahme an.

Im Mai des folgenden Jahres, gepeinigt von Kopf-, Bauch- und Zahnschmerzen (Thomas Mann plagten die Zähne sein Leben lang) und weiterhin außerstande, richtig zu arbeiten, erschien ihm ein längerer Urlaub in der Sonne geboten. Zusammen mit seiner ebenfalls angeschlagenen Frau Katia und seinem Bruder Heinrich, dessen eigene Bedeutung als Romancier von der sich früh entfaltenden neugoetheschen Aura seines Bruders bereits überschattet wurde (falls je ein Schriftsteller das Licht seiner Bildung nicht unter den Scheffel stellte, dann war es Thomas Mann – sein Erzfeind Bertolt Brecht titulierte ihn boshaft als »Stehkragen«), verließ er Deutschland in Richtung Dalmatinische Küste, wo er ein paar Wochen auf der Insel Brioni zu verbringen gedachte.

Thomas Mann, 1910

Von Anfang an stand die erhoffte Erholung von den Strapazen künstlerischen Schaffens unter einem denkbar ungünstigen Stern. Das Wetter war kalt und trostlos, mit Brioni konnten sich die drei überhaupt nicht anfreunden, und Thomas Mann erboste zudem, daß man wegen der langen Kalksteinklippen praktisch abgeschnitten war vom Mittelmeer, nach dem sich Mann wie jeder Mensch aus nördlichen Gefilden heftig sehnte. Als noch schlimmer freilich erwies sich das Hotel, das nobelste auf der ganzen Insel. Unter den Gästen befand sich nämlich die Erzherzogin von Österreich, und das Protokoll verlangte, daß sich selbst Nichtösterreicher erhoben, wenn diese den Speisesaal betrat, was sie erst zu tun geruhte, nachdem die anderen Gäste bereits Platz genommen hatten. Dieses lästige und entwürdigende Ritual war um so ärgerlicher, als man es nach Abschluß der Mahlzeit abermals zu absolvieren hatte.

Spontan entschloß sich die Familie Mann, den Aufenthalt abzubrechen und sich in jene Stadt zu begeben, die schon damals als *der* europäische Urlaubsort galt, der den Besucher am wenigsten enttäuschte: das in Pracht und Moder schwelgende Venedig, »das Unvergleichliche, das märchenhaft Abweichende«, um Manns eigene ekstatische Formulierung zu verwenden. In Pola schifften sich die drei Urlauber ein, um auf dem Dampfer mit verdutztem Amüsement zu beobachten, wie sich ein (im homosexuellen Sinne) halbseidener und in die Jahre gekommener Stutzer bei einer Reisegesellschaft vergnügter Handelsgehilfen mit allerlei Possen einschmeichelte. Sein ordinär gefärbtes Schnurrbärtchen und das groteske Rouge auf den Wangen erinnerten sie an Herrn Knaak, der faszinierenderweise schon in *Tonio Kröger,* einer der vollkommensten Erzählungen Manns, auftritt. Noch mehr verstörte sie dann allerdings ein weiterer Zwischenfall, nachdem der Dampfer angelegt hatte. Die Manns verfrachteten ihr Gepäck sogleich auf eine Gondel, die sie zum Lido bringen sollte, wo sie im Grand Hôtel des Bains zwei nebeneinanderliegende Zimmer gebucht hatten. Ihr Gondoliere entpuppte sich jedoch als mürrischer, verschlossener Bursche, der sie zwar kompetent durch Venedig lotste, am Ziel der Reise aber nicht warten wollte, um das Fahrgeld zu kassieren. Man hatte ihm, wie sich herausstellte, die Konzession entzogen, und so registrierte er voller Entsetzen, daß ihn am Quai ein Grüppchen Munizipalbeamter erwartete.

Schließlich aber bezogen die drei ihre Zimmer im prunkvollen Hôtel des Bains. Und als man in der Hotelhalle am ersten Abend im Kreise all der eleganten, kosmopolitischen Gäste auf den Gongschlag für das Abendessen wartete, bemerkte Thomas Mann ganz in seiner Nähe eine polnische Familie, die, da die Mutter durch Abwesenheit glänzte (wie die Erzherzogin von Österreich hatte sie anscheinend ein Faible für verspätete Auftritte), aus drei streng gekleideten Töchtern und einem sehr jungen Sohn bestand. Dieser in einem Matrosenkostüm steckende Ephebe – dessen fast übernatürliche körperliche Schönheit und Anmut dem Auge des Kenners nicht entgehen konnte – war dem von Mann vor einem halben Jahr geschaffenen Johnny Bishop wie aus dem Gesicht geschnitten.

Aufgeschreckt durch eine Cholerawarnung, die in der Novelle minutiös beschrieben wird, reiste der Autor mit Gattin und Bruder nach einer Woche überstürzt vom Lido ab und begrub alle weiteren Urlaubspläne. Zurück zu Hause – genauer: in der gerade fertiggestellten Sommervilla im oberbayerischen Bad Tölz –, machte sich Thomas Mann sogleich daran, den *Tod in Venedig* zu Papier zu bringen. Es kostete ihn dann allerdings ein volles Jahr, nämlich die zwölf Monate zwischen Juli 1911 und Juli 1912, bis die rund achtzig Seiten seiner Novelle über einen alternden Schriftsteller fertig waren, der sich von dem letztlich todbringenden Zauber eines polnischen Jünglings in einen fieberhaften Bann gezogen sieht. (Leser dieses Buches bedürfen wohl keines ausführlicheren Resümees der Handlung.) Das Werk erschien 1912 unter fast allseitigem Beifall, zuerst in zwei aufeinanderfolgenden Nummern der *Neuen Rundschau* und im Februar 1913 auch in Buchform. Die Erstauflage von 8000

Exemplaren war schon kurz nach Erscheinen vergriffen, und seither ist die Novelle in den verschiedensten Ausgaben und Übersetzungen ein internationaler Bestseller geblieben und gilt bis heute als Manns bekanntestes und beliebtestes Prosawerk. Sein glücklicher Verleger Samuel Fischer hatte noch vor Erscheinen mit entschuldbarer Großspurigkeit dessen sofortige »Einreihung in die Menschheitsgeschichte« verkündet.

In den Jahren, die der Reise von 1911 folgten und in denen sich *Der Tod in Venedig* tatsächlich den von Fischer prophezeiten Rang eines unangefochtenen Klassikers der zeitgenössischen europäischen Literatur erwarb, bekannte Mann mehrmals freimütig, wieviel er jenem glücklichen Geschick verdanke, das eine Kette erzählerischer Elemente *in der richtigen Reihenfolge* vor ihm ausgebreitet hatte, aus denen wohl auch weniger geschickte Hände ein Meisterwerk gefertigt hätten. Selbst heute, fast ein Jahrhundert nach der Begebenheit, sind sich wohl nur die – allerdings sehr zahlreichen – Mann-Experten darüber im klaren, daß praktisch alles, was Gustav von Aschenbach in der Novelle erlebt, von seinem frühen Tod am Strand einmal abgesehen, zuerst dem Autor selbst widerfahren war. Dabei hatte Mann nie zu verhehlen versucht, wie wenig dichterische Phantasie in die fragliche Erzählung eingeflossen war. Mehr als einmal offenbarte er der Welt, daß es *tatsächlich* einen effeminierten Poseur, einen griesgrämigen Gondoliere, eine polnische Adelsfamilie und selbstredend auch einen hübschen Knaben gegeben hatte. Er selbst beschrieb es so:

Ganz ebenso ist im »Tod in Venedig« nichts erfunden: Der Wanderer am Münchener Nordfriedhof [der im Vorspiel zur eigentlichen Erzählung einen kurzen Auftritt hat], das düstere Polesaner Schiff, der greise Geck, der verdächtige Gondolier, Tadzio und die Seinen, die durch Gepäckverwechslung mißglückte Abreise, die Cholera, der ehrliche Clerc im Reisebureau, der bösartige Bänkelsänger oder was sonst anzuführen wäre – alles war gegeben, war eigentlich nur einzustellen und erwies dabei aufs verwunderlichste seine kompositionelle Deutungsfähigkeit.

Und eine weitere Bemerkung über den schicksalsträchtigen Aufenthalt in Venedig:

Eine Reihe kurioser Umstände und Eindrücke mußte mit einem heimlichen Ausschauen nach neuen Dingen zusammenwirken, damit eine produktive Idee sich ergäbe, die dann unter dem Namen des »Tod in Venedig« ihre Verwirklichung gefunden hat. Die Novelle war so anspruchslos beabsichtigt wie nur irgendeine meiner Unternehmungen; sie war als rasch zu erledigende Improvisation und Einschaltung in die Arbeit an dem Betrügerroman gedacht.

Es überrascht deshalb, daß Mann noch im selben Jahr, also 1912, in einem Brief an Fischer die »Fehler und Schwächen« jener Novelle beklagte, die er gegenüber seinem Bruder Heinrich auch als »halb gebildet und falsch« bezeichnete. (Einer der vielen wundersamen Zufälle, die sich wie ein roter Faden durch unsere Geschichte ziehen, will es, daß Heinrich seinen eigenen internationalen Ruf als Schriftsteller dem düsteren Porträt eines weiteren Intellektuellen verdankte, der durch ein unwürdiges Objekt der Begierde gedemütigt wird: Im Roman *Professor Unrat* verliebt sich ein sadistischer Schulmeister hoffnungslos in die betörend-liederliche Sängerin eines Nachtlokals. Auch wenn dieses Buch außerhalb des deutschen Sprachraums heute wohl nicht mehr allzu viele Leser findet, kennt man es doch als Vorlage für Josef von Sternbergs 1930 gedrehten Film *Der blaue Engel,* in dem Marlene Dietrich ihre Reize zum erstenmal vor einer hypnotisierten Welt spielen ließ.) Thomas Mann beharrte in späteren Jahren darauf, daß *Der Tod in Venedig,* hätte er das Buch noch einmal schreiben können, eine weit geringere Mystifizierung geworden wäre. Und doch hatte er, wie wir trotz seiner Beteuerungen – wonach sich der Stoff der Novelle in magischer Schlichtheit vor ihm ausgebreitet habe, so daß er nur noch vom Leben selbst habe abschreiben müssen, als diktierte ihm Gott persönlich in die Feder – alle längst wissen, einen so behutsamen Umgang mit der faktischen Wirklichkeit gepflogen, wie dies die meisten seiner Schriftstellerkollegen auch getan hätten.

Da Belletristik und Autobiographie zu zwei getrennten, wenn auch oft sich überschneidenden Kategorien gehören, gab es natürlich auch im *Tod in Venedig* eine Reihe trivialer Abweichungen von den heute bekannten Ereignissen während der als Vorbild dienenden Reise. So weilt Aschenbach allein in Venedig, während sich Mann mit Bruder und Gattin dorthin begab (der nachsichtigen Katia, so geht aus ihren Memoiren hervor, fiel übrigens sehr wohl auf, wohin der Blick ihres Gatten regelmäßig schweifte – hiervon blieb in späteren Ehejahren nicht einmal Manns höchst anmutiger Sohn Klaus verschont); Aschenbach hat eine nicht mehr bei ihm lebende Tochter, Mann dagegen war zu jener Zeit noch gar nicht Vater; Aschenbach folgt Tadzio dreist überallhin, Mann versuchte sich (wieder laut Katia) zu beherrschen und seine Leidenschaft im Zaum zu halten, und so weiter.

Selbst in seiner vermeintlich von demütiger Selbstbescheidung geprägten Bemerkung über die »kuriosen Umstände und Eindrücke«, die zum *Tod in Venedig* geführt hatten, konnte sich Mann das Flunkern nicht ganz verkneifen, denn er modelte sein Material so um, daß es rätselhafter erschien, als es in Wirklichkeit war. Die »Gepäckverwechslung« zum Beispiel, die wir vorhin zu den – sozusagen wortwörtlich – vom Leben in die Literatur übertragenen Elementen zählten, betraf nur die Koffer von Heinrich Mann, nicht aber diejenigen von Thomas oder Katia; das Choleragerücht stammte nicht aus Venedig selbst, sondern aus dem weit im Süden liegenden Palermo. Noch entscheidender ist allerdings, daß sich Mann schon lange, bevor er den *Tod in Venedig* schrieb, mit dem Gedanken an eine Kurzgeschichte getragen hatte, deren Gegenstand die verheerende »Entwürdigung eines hochgestiegenen Geistes« sein sollte, der einem sehr viel jüngeren Lustobjekt verfällt. Und dabei hatte ihm nicht ein x-beliebiger »hochgestiegener Geist« vorgeschwebt: Sein Held sollte niemand anderer als Goethe sein, der sich bekanntlich noch in seinem achten Lebensjahrzehnt in die 17jährige Ulrike von Levetzow verliebt und unglaublicherweise sogar um deren Hand angehalten hatte. Wie seinen Bruder faszinierte auch Thomas Mann, der sich in der Öffentlichkeit gern prüde gab, die Vorstellung, daß ein Mensch der Liebe buchstäblich ver*fallen* konnte.

(Übrigens hätte die geplante Geschichte, die er nach seiner Rückkehr aus Italien zu Gunsten der ihm geradezu in den Schoß gefallenen neuen Erzählung ad acta legte, den vage an *Tod in Venedig* anklingenden Titel *Goethe in Marienbad* tragen sollen.)

Von größerer Bedeutung waren allerdings die Freiheiten, die er sich mit der Figur des Tadzio herausnahm. So hieß der Junge mitnichten Tadzio – bzw. Tadeusz, dessen Koseform »Tadzio« ist –, sondern Wladyslaw. Dies war aber wohl kein bewußtes Täuschungsmanöver Thomas Manns (als er sich an seine Novelle machte, erkundigte er sich bei einer des Polnischen mächtigen Bekannten nach der korrekten Schreibweise). Was sein Held Aschenbach auf dem Lido hört, als die anderen Kinder den polnischen Knaben zum Mitspielen auffordern, sind »zwei melodische Silben wie ›Adgio‹ oder öfter noch ›Adgiu‹ mit rufend gedehntem u-Laut am Ende«. Und genau dies wird auch Mann gehört haben, nur handelte es sich bei Adgio – bzw. Adzio, um ganz korrekt zu sein – via »Wladzio« um die Kurzform von »Wladyslaw«.

Noch bedeutender ist freilich, daß Adzio nicht etwa ein Halbwüchsiger, sondern noch ein Kind war. Wladyslaw Moes – der echte Name des echten Knaben – wurde in der zweiten Hälfte des Jahres 1900 geboren, womit er, den Thomas Mann salopp als »langhaarigen Knaben von vielleicht vierzehn Jahren« beschrieb, bei der Begegnung auf dem Lido noch keine elf Jahre alt war, was im Verlauf einer beginnenden oder schon wieder abklingenden Pubertät doch einen erheblichen Unterschied macht. Auch dessen älterer Strandkamerad »Jaschu« (Manns phonetische Umsetzung von »Jasio«, dem Vokativ von »Jas«) existierte tatsächlich, und zwar als Jan Fudakowski. Dieser war in

Wirklichkeit aber ein paar Monate jünger als Adzio und konnte deshalb weder der in der Novelle auftretende »stämmige Bursche mit schwarzem, pomadisiertem Haar« noch gar der in Luchino Viscontis Verfilmung aus dem Jahre 1971 spielende Muskelprotz sein, der offensichtlich knapp oder auch schon gut zwanzig ist.

Doch wir wollen Mann gegenüber nicht ungerecht sein. Mag er Tadzio auch um drei Jahre älter gemacht haben, mag er ihn »antikisiert« haben, wie man dies, und in betrügerischer Absicht, auch oft mit Möbelstücken tut: Mit seinem literarischen Alter Ego Aschenbach war er ungleich freier umgesprungen. 1911 war Mann 36 Jahre alt. Von dem Helden im *Tod in Venedig* erfährt der Leser dagegen schon im ersten Satz der Novelle, daß der einst bürgerliche Gustav Aschenbach den vornehmeren Namen Gustav *von* Aschenbach erst »seit seinem fünfzigsten Geburtstag« trug. Aschenbach ist also bereits über fünfzig, ja, er könnte schon auf die sechzig zugehen und somit zwanzig Jahre älter sein als Thomas Mann.

Wie wollen wir uns aber erklären, daß Mann das faktische Alter nicht nur der einen fiktiven Figur, sondern gleich beider geändert hat? Vielleicht aus einer gewissen konzeptionellen Notwendigkeit heraus, derzufolge Tadzio – sollten die rätselhaften Parallelen zum realen Ereignis erhalten bleiben – ein paar Jahre älter gemacht werden mußte, da der Inhalt der Novelle es zwingend erforderte, Aschenbach als einen Künstler zu zeigen, der sich auf der Höhe seines literarischen Ruhms befindet? Oder weniger galant formuliert: als Manns raffinierten Versuch, die manchmal nicht nur latente Erotik seiner Geschichte herunterzuspielen, ja zu verniedlichen, da das lüsterne Verlangen nach einem vorpubertären Knaben zumindest 1911 (wenn schon nicht heute) bei einem älteren Herrn wohl weniger bedrohlich wirkte als bei einem Mittdreißiger? Oder einfach als ein durch Wehmut und Ironie gebrochenes Abbild davon, wie alt sich Mann tatsächlich *fühlte,* als er sich von dem klaren Blick des elfjährigen Wladyslaw Moes fixiert sah? Sei es, wie es wolle, jedenfalls schwebten ihm ziemlich sicher just diese Altersunterschiede vor, als er davon sprach, sein Werk entmystifizieren zu wollen.

Selbstverständlich schrieb Mann den *Tod in Venedig* niemals neu. Genausowenig machte er, der sich immer mehr auf den Dichterolymp zurückzog, jemals Anstalten herauszufinden, wer der polnische Knabe am Strand des Lidos gewesen und was aus ihm geworden war. Diese Aufgabe blieb mir überlassen.

Was im nächsten Kapitel folgt, ist allerdings weniger eine Biographie als ein breit ausgeführtes und reichlich spätes Exemplar ihres wortkargeren Vetters, des Nekrologs. (Als Wladyslaw Moes 1986 in Warschau starb, brachte meines Wissens die englischsprachige Presse keine Zeile darüber.) Falls der Nekrolog überhaupt ein Genre ist, dann gewiß ein sehr eigenartiges. Was darin nämlich nicht vorkommt, ist der prosaische Tagesablauf, der die meist recht spartanische Kost menschlicher Existenz ausmacht und von dem auch Berühmtheiten nicht ausgenommen sind, das fade Bindegewebe also im täglichen Trott noch des interessantesten Menschen. »Das Leben«, so hat Alfred Jarry einmal gesagt, »ist so *alltäglich.*« Nekrologe aber verzichten auf den *Alltag,* jenen hausbackenen *Alltag,* in dem moderne Biographien schwelgen.

Auch das folgende Kapitel vernachlässigt den Alltag und bietet dem Leser statt dessen einen miniaturisierten Überblick über Wladyslaw Moes' Leben, welches hier sozusagen durch ein umgedrehtes Fernrohr betrachtet wird. Es liegt mir nicht unbedingt daran, die mutmaßliche Denkweise meines Gegenstands zu ergründen, zu analysieren oder auch nur darüber zu spekulieren. Hingegen möchte ich dessen Leben demjenigen des Mann'schen Tadzio gegenüberstellen. Das Dasein besonders denkwürdiger literarischer (und natürlich auch filmischer) Figuren endet nämlich nicht damit, daß wir die letzten Seiten der Bücher umblättern, in denen es seinen Anfang genommen hat. Wie Prousts Baron Charlus, Kafkas Josef K., Fitzgeralds Jay Gatsby, Isherwoods Sally Bowles, Nabokovs Lolita und viele andere mehr, hat die mit Abstand berühmteste Schöpfung Thomas Manns die Prosa längst transzendiert, in deren kanonischem Hafen sie einst vor Anker lag, und nun treibt sie frei und ungebunden in einem Aquarium der Volkssagen und -legenden dahin. Aus diesem Grund habe ich, der von Manns Tadzio nicht weniger fasziniert ist, als Mann selbst es wohl vom echten Adzio war, in Erfahrung bringen wollen, was mit den beiden geschah, nachdem sich ihre Wege in jenem venezianischen Sommer des Jahres 1911 gekreuzt hatten.

Wladyslaw Moes: der echte Tadzio

So erstaunlich es klingen mag: Der kleine Adzio wuchs in Polen heran, ohne sich – wie übrigens seine ganze Familie – im geringsten bewußt zu sein, welche Rolle er in Manns Meisterwerk ungewollt gespielt hatte. Die Novelle wurde umgehend in die meisten europäischen Sprachen übersetzt, auch ins Polnische, doch erst 1924, nach zwölf Jahren (Wladyslaw Moes hatte die zwanzig inzwischen ebenfalls überschritten), las eine seiner Cousinen den *Tod in Venedig*. Verdutzt über die Erwähnung einer im Hôtel des Bains logierenden polnischen Adelsfamilie, einer Truppe lustiger Bänkelsänger, die man zur Unterhaltung der Gästeschaft engagiert hatte, sowie der heimtückischen Choleragerüchte, die in der Stadt zusehends die Runde machten, insbesondere aber verdutzt über das Thema der Erzählung, jenen älteren Voyeur, den der Anblick zweier am Strand des Lidos spielender und ausgesprochen hübscher Knaben verzückt, deren Beinamen Tadzio und Jaschu zudem überdeutlich an Adzio und Jas anklangen, zeigte sie das Buch auf der Stelle ihrem Cousin. Adzio war amüsiert und fühlte sich wohl auch geschmeichelt, doch im übrigen hielt sich das Interesse des gutaussehenden und in unbeschwertem Wohlstand lebenden jungen Mannes vorläufig in Grenzen. Jedenfalls gab er sich Thomas Mann nie zu erkennen.

Erst als sechzig Jahre später Viscontis Verfilmung in die Kinos kam, erwachte in Adzio und Jas nicht nur das Interesse aneinander, sondern auch an der Frage, welchen persönlichen Beitrag sie zu einem der größten Werke eines der größten Schriftsteller des 20. Jahrhunderts geleistet hatten. Als Wladyslaw Moes' Tochter Maria (die heute den Ehenamen Tarchalski trägt) 1971 nach Paris kam und kurz darauf in einem winzigen Kino am linken Seineufer *Morte a Venezia* sah, wurde sie von Trübsal ergriffen angesichts der vielen Dinge, die sie in ihrer Heimat hatte zurücklassen müssen. »Ich saß da und weinte haltlos vor mich hin, was meine Sitznachbarn überraschte und bestürzte, fanden sie den Film doch rührend, aber auch wieder nicht *sooo* rührend.« Unmittelbar darauf nahmen die beiden Siebzigjährigen, die die eigentlichen Auslöser der Erzählung gewesen waren und jene Serie von Erschütterungen hinter sich hatten, die man gemeinhin als die Geschichte Polens im 20. Jahrhundert bezeichnet, ihren Briefwechsel nach Jahrzehnten wieder auf.

Diese echten Briefe von realen Personen, die man automatisch als fiktive Figuren wahrnimmt, steckten voller Erinnerungen an den Sommer des Jahres 1911. Jas, der die Korrespondenz von London aus anstieß, wo er

Adzio (links) mit Freund Jas, 1911

nach dem Zweiten Weltkrieg geblieben war, hatte dem Lido in Venedig zwei Jahre zuvor noch einmal einen Besuch abgestattet. Obwohl er die Insel damals kaum wiedererkannt hatte, erwähnte er, daß »ich ungefähr sagen konnte, wo wir unsere Sandburgen gebaut hatten«, und in wehmütigem Ton kam er auch auf die Rauferei zu sprechen, die ein schmerzerfüllter Aschenbach zwischen den literarischen Pendants beobachtet hatte: »Ich kann mich beim besten Willen nicht erinnern, daß ich Dich so grausam malträtiert habe, wie Mann es in seinem Buch beschreibt.«

Adzio beruhigte seinen alten Freund postwendend: »Mein Gedächtnis ist hellwach«, schrieb er aus Warschau an Jas, »und die Ringkämpfe, die Du stets gewonnen hast, habe ich noch heute klar vor Augen. Als Gewinner galt man immer erst dann, wenn man den Gegner mit dem Rücken auf den Boden gezwungen hatte. Kein Wunder, daß ich bis zum Umfallen kämpfte, was Dir Thomas Mann offenbar als Gewalttätigkeit angekreidet hat.« Wie bereits an anderer Stelle klingen auch hier wieder Jappe und Do Escobar an.

Jas wollte sich den Film mit seiner Familie in einem Kino im Londoner West End ansehen, konnte sich aber den Eintritt für die Galavorstellung nicht leisten, »da die Karten ziemlich teuer waren, zwischen 5 und 50 Guineas das Stück«. (Adzio glaubte irrtümlicherweise, eine Guinea entspreche 21 Pfund anstatt 21 Shilling, und war schockiert über die exorbitanten Kinopreise in England.) Viscontis Verfilmung hinterließ bei Jas zwiespältige Gefühle. »Keine Frage, der Film ist vor allem in künstlerischer Hinsicht sehr gut, doch die Geschichte ist meines Erachtens nicht besonders interessant und ziemlich verworren.« Es hat natürlich etwas Surreales, wenn jemand, den wir zwangsläufig als Figur in einem berühmten belletristischen Werk wahrnehmen, dessen angeblich unverständliche und unzulängliche Stellen bemängelt.

Adzio dagegen sah sich den Film in Paris an – und zwar ganz allein, da er laut Maria »nicht einmal vor mir seine Gefühle zeigen wollte«. Großmütig bestritt er, gekränkt gewesen zu sein, als Visconti es während seiner ausgedehnten Reise durch Polen versäumt hatte, bei ihm vorbeizuschauen. Die Reise hatte damals der Suche des Regisseurs nach *seinem* Tadzio gegolten (und wurde durch den selten gezeigten und auch in Viscontis Filmographie selten erwähnten Kurzfilm *Alla Ricerca di Tadzio* dokumentiert, in dem sich der Regisseur mit augenscheinlich hämischem Vergnügen bei der Begutachtung unzähliger Schüler zeigen läßt, deren Reize er immer wieder mit einem genießerischen »Bellissimo! Bellissimo!« preist).

»Es wäre«, so hatte er Jas geschrieben, »seiner [Viscontis] Sache abträglich gewesen, hätte er einen betagten, vom Alter gezeichneten Mann zu Gesicht bekommen, denn schließlich richtete sich seine Phantasie ganz darauf, die Figur eines Knaben im Mann'schen Sinne auferstehen zu lassen.«

Dabei wußte der italienische Regisseur sehr wohl von Adzio; während seines Polen-Aufenthalts schickte er einige seiner »Leute« zu ihm, und bereits im Vorfeld hatte er sich in einem Brief dafür entschuldigt, daß er ihn nicht persönlich aufsuchen werde, einem Brief notabene, in dem der exakt gleiche Grund für die bewußt nicht wahrgenommene Gelegenheit angegeben wird wie später in Adzios Brief an Jas. Und doch gibt uns die Angelegenheit Rätsel auf. Zwar war der Wladyslaw Moes jener Jahre tatsächlich schon über siebzig; gleichwohl würde man von einem Regisseur, der den *Tod in Venedig* verfilmen möchte – wie übrigens von jedem Bewunderer Thomas Manns –, eigentlich erwarten, daß er jenen Menschen unbedingt kennenlernen will, der das Werk angeregt hat, mag dieser auch alt und gebrechlich sein.

Abgesehen von der heiklen Altersfrage war dieser »Knabe im Mann'schen Sinne« haargenau das in der Novelle geschilderte hübsche und verzärtelte Bürschchen gewesen. Und auch die von Mann freilich nur skizzenhaft porträtierte Familie weicht – gemessen an der Beschränktheit eines achtzigseitigen Prosawerks – nur unwesentlich von Adzios eigener ab.

Die Familie Moes (der höchst unpolnisch klingende Name kommt eigentlich aus dem Niederländischen) stammte ursprünglich aus Westfalen, einst eine der reichsten Provinzen Preußens. In den frühen dreißiger Jahren des 19. Jahrhunderts übersiedelten Ernest und Christian August Moes, Wladyslaws Urgroßvater und Großvater, nach Bialystok, einer Region im Osten Polens, wo sie eine florierende Textilfabrik aufbauten. Nachdem es Christian Moes zu Reichtum und gesellschaftlichem Ansehen gebracht hatte, erwarb er in der gleichen Gegend die

31

Landgüter Choroszcz und Nowosiolki. 1851 kam noch ein Gutshaus in Wierbka bei Pilica hinzu, ein herrschaftliches, wenn auch nicht sehr stilechtes Gebäude, das von Türmchen und Schutzmauern eingefaßt wurde und dringend der Renovierung bedurfte. Dieses Anwesen lag unweit der südpolnischen Stadt Kielce. Später sollte das renovierte Haus der Hauptsitz der Familie Moes werden, und hier gründeten Christian und seine Frau Constantia Boise auch ihre eigene Familie, die mit sechs Söhnen und vier Töchtern selbst für damalige Begriffe ungewöhnlich groß war.

Christian August scheint zu seiner Zeit ein sehr fortschrittlicher Großgrundbesitzer gewesen zu sein, der daran glaubte, daß sich mit Zuckerbrot mehr erreichen lasse als mit der Peitsche. Deshalb bezahlte er seinen Bediensteten einen anständigen Lohn und war in der Gegend sehr beliebt, da er sich aktiv für das Wohlergehen der Arbeiter in seinen Fabriken und der Bauern auf seinen Landgütern einsetzte und nicht nur Häuser für deren Familien baute, sondern auch Schulen und (was wirklich sehr ungewöhnlich war) sogar Kinderkrippen ins Leben rief. Da sich die Region, in der er lebte, zu jener Zeit – wie schon früher und auch später noch so oft – unter russischer Herrschaft befand, wurde ihm von Zar Alexander II. persönlich der vererbbare Titel eines Barons verliehen. Er starb im Jahre 1872.

(Das Haus in Wierbka blieb vom ursprünglichen Erwerb im 19. Jahrhundert bis zum Ende des Zweiten Weltkriegs im Besitz der Familie Moes. Zur Zeit des Kalten Krieges wurde es dann kurzerhand vom Staat requiriert, worauf es im kommunistischen Polen als Umerziehungsanstalt für Drogensüchtige herzuhalten hatte. Während ich diese Zeilen schreibe, bemüht sich Maria Tarchalski allerdings in einem gewiß sehr langwierigen Prozedere um die Rückerstattung des Landgutes Udorz, eines früher ebenfalls ihrer Familie gehörenden Gestüts mit Reitschule. Derartige Rückgabeforderungen bleiben bis heute äußerst umstritten, doch da sich Polen um die Aufnahme in die Europäische Union bemüht, darf sich Maria einige Chancen auf Erfolg ausrechnen.)

Adzios Vater, Alexander Juliusz Moes, wurde 1856 als Sohn der Janina Miaczynska geboren. Nach seiner Schulzeit studierte Alexander in Heidelberg Philosophie und Chemie. Später erbte er das Landgut in Wierbka und zwei Papierfabriken, die sich inzwischen im Besitz der Familie Moes befanden und von ihr geführt wurden, eine in Wierbka, die andere in Slawniow. Alexanders große Leidenschaft galt allerdings den Pferden, und diese Leidenschaft gab er dann auch an seinen Sohn Wladyslaw und eine Generation später an seine Enkelin Maria weiter.

In der Familie Moes geht die Legende, daß Alexander als Gutsbesitzer und Arbeitgeber genauso liberal und menschlich gesinnt gewesen sei wie schon sein Vater. Als Präsident des örtlichen Bauernverbandes soll er zusammen mit seiner Frau, die ihm zwei Söhne und vier Töchter gebar, seiner Zeit weit voraus gewesen sein und sich um das häusliche Wohl aller Menschen gekümmert haben, die auf seinem Bauerngut oder in seinen Fabriken arbeiteten. Natürlich sind Familienlegenden nicht unbedingt die objektivsten und verläßlichsten Informationsquellen. Eine mögliche Befangenheit zugunsten dieses Mannes und seiner charakterlichen Qualitäten erfährt aber eine faktische Bestätigung nicht nur dadurch, daß sein Name in der Region noch heute, also ein Jahrhundert später, in Ehren gehalten wird, sondern auch durch den viel handfesteren Umstand, daß es in Wierbka weiterhin eine Alexander-Moes-Straße gibt.

Wladyslaw, der Adzio unserer Erzählung, wurde am 17. November 1900 in Wierbka als viertes von sechs Kindern geboren. Er hatte einen älteren Bruder, Alexander, sowie vier Schwestern, Alexandra, Maria-Anna, Jadwiga und Barbara. Doch Adzio wurde im Herrenhaus von Wierbka nicht nur geboren, sondern erhielt dortselbst, wie seine Geschwister auch, bis zum 14. Lebensjahr Privatunterricht. Statt eines einzelnen Hauslehrers wurden den Kindern gleich mehrere zugeteilt, und diese unterrichteten nach dem gleichen Lehrplan, der auch in dem unweit gelegenen Internat galt. Außerdem hatten sie

Adzio als Kleinkind

eigene Französisch- und Deutschlehrer, ganz wie es sich für den Adel gehörte. Adzios künftiger Titel sollte »Baron Moes« lauten (im zaristischen Polen erbten, anders als in vielen europäischen Ländern, männliche Nachkommen, und zwar nicht nur die Erstgeborenen, den Titel von ihrem Vater).

Die Kindererziehung folgte in der Familie Moes den strengen Regeln jener Zeit. Man legte größten Wert darauf, daß kein Kind auch nur ansatzweise »verhätschelt« wurde. Und obwohl sie (hätte ihnen später nicht der Kommunismus einen dicken Strich durch die Rechnung gemacht) als Erwachsene auf solche häuslichen Fertigkeiten niemals hätten zurückgreifen müssen, wurden Adzios Schwestern schon in jungen Jahren in den klassischen »weiblichen« Künsten wie Kochen, Nähen und Bügeln unterwiesen, und auch Adzio mußte als Heranwachsender seinen Vater zur Arbeit begleiten, auf daß er die Geheimnisse der Papierherstellung begreife.

Maria berichtet, wie hart ihre Mutter mit der Schauspielerin Silvana Mangano, die in Viscontis Film ihre Schwiegermutter darstellte, ins Gericht gegangen war, weil sie »keine waschechte *grande dame*« sei; auch habe ihr Vater ungläubig gestaunt, als Mangano nicht nur ihre Töchter mit einem ganz undenkbaren »Meine Lieben ...« ansprach, sondern *in aller Öffentlichkeit eine Zigarette rauchte,* ein für eine Dame ihrer Klasse und Epoche vollkommen unstatthaftes Verhalten, aber auch ein recht erstaunlicher Fauxpas für einen Regisseur, der doch angeblich über ein feines Gespür für die Finessen und Fisimatenten der in der Belle Époque geltenden Etikette verfügte. Ein Blick in das Moes'sche Familienalbum, aus dem sich manche Aufnahme in diesem Buch wiederfindet, zeigt deutlich, daß Mangano tatsächlich nicht die geringste Ähnlichkeit mit Adzios Mutter hatte, aber dafür haargenau Manns Beschreibung ihres fiktiven Pendants entsprach: groß, kühl und gesetzt, jedoch mit äußerst schmaler Nase. Ein weiterer Blick in eine ganz andere Fotosammlung verblüfft uns mit der Einsicht, daß zwischen der besagten Schauspielerin und der höchst gebieterischen Gräfin Carla Visconti de Modrone, der Mutter des Regisseurs, die nun wahrlich eine *grande dame* war, eine stupende Ähnlichkeit bestand, und zwar nicht nur was das Aussehen, sondern auch was die Kleider anging. Welche Abgründe sich wohl dahinter verbergen mögen?

Von klein auf bedurfte Adzio des besonderen Augenmerks. Zwischen der Geburt der älteren Schwester und seiner eigenen lag nur ein sehr geringer Abstand. »Meine Großmutter war«, so Maria zu mir, »von der vorangegangenen Entbindung noch völlig erschöpft, und so kam eben auch mein Vater erschöpft auf die Welt.« Er hatte ein Loch in der Lunge und war deswegen ein recht schwächliches Kind. (Als Aschenbach genüßlich entdeckt, daß

Tadzios Zähne »nicht recht erfreulich« sind, »etwas zackig und blaß, ohne den Schmelz der Gesundheit«, da argwöhnt er mit einem Anflug von makabrer Häme, der Knabe werde »wahrscheinlich nicht alt werden«.) Aus diesem Grund durfte Adzio als einziger ausschlafen und auch frühstücken, wann immer es ihm beliebte. Und genau jenes Loch in der Lunge sowie der Ratschlag eines von den Eltern konsultierten Wiener Spezialisten, der dem Knaben Seeluft und die Gesellschaft gleichaltriger Spielkameraden verschrieb, veranlaßten die Familie Moes, den Sommer in Venedig zu verbringen – eine ganz widersinnige Wahl, gilt die Stadt doch als höchst unhygienisches Pflaster.

Thomas Mann war, wie man heute weiß, nicht der erste Schriftsteller, der dem vorpubertären Zauber des Knaben verfiel. Als eine von Adzios Tanten Hochzeit feierte – wozu man ihn, den *garçon d'honneur,* mit Spitzen in einem umwerfend zarten *blanc d'ivoire* ausstaffierte –, fiel der Sechsjährige auch Henryk Sienkiewicz auf, dem einst weltberühmten (und heute weltvergessenen) Nobelpreisträger, aus dessen Feder der mehrfach verfilmte pseudoklassische Roman *Quo vadis?* stammte. Als Sienkiewicz nach der kirchlichen Trauung in seinen Landauer stieg, bestand er darauf, daß der Kleine sich auf seinen Schoß setze, warf seine Bürde aber umgehend ab, als er feststellen mußte, daß dieser Seraph à la

Tiepolo das Hosenbein seines Cutaways vollgepinkelt hatte.

Adzio wußte die Privilegien der Schönheit durchaus zu schätzen und gewöhnte sich von klein auf daran, daß er alle Blicke auf sich zog. Während des Urlaubs in Venedig umschmeichelte er die Obst- und Blumenhändler so lange, bis sie ihm einen Pfirsich, eine Pflaume oder ein paar reife Erdbeeren zusteckten. Falls sie sich aber taub stellten (was ohnehin selten geschah), reizte er sie dadurch, daß er wütend aufstampfte und »Cattivo! Cattivo!« kreischte. Erstaunlicherweise durfte er ohne Aufsicht mit den venezianischen Fischern aufs Meer hinausfahren. Außerdem ließ er es sich gerne gefallen, daß man ihn dauernd tätschelte und streichelte, so als stünde ihm schlicht nichts anderes zu. Er hatte, wohl vermittelt durch das Beispiel seiner Mutter, auch bemerkt, welch angenehmer Effekt sich durch ein verspätetes Auftreten erzielen ließ. Seiner Tochter Maria verriet er in späteren Jahren, wie begeistert er eines Abends im Hôtel des Bains ein Paar blank polierte neue Schuhe vorgeführt hatte, auf die er unendlich stolz war: Geduldig (vermutlich aber eher ungeduldig) wartete er ab, bis die anderen Gäste Platz genommen hatten. Dann aber marschierte der Knabe mit dem blonden Lockenkopf und den wasserblauen Augen fast im Stechschritt die große Hoteltreppe hinunter und in den Speisesaal hin-

39

Adzio, der echte Tadzio

ein (wie übrigens schon Thomas Mann als kleiner Junge durch die Straßen seiner Heimatstadt Lübeck stolziert war und gehofft hatte, man halte ihn für den Kaiser), damit auch wirklich niemandem sein hinreißendes Schuhwerk entging. »Haben mich alle gesehen?« fragte er seine Gouvernante begierig. »Haben alle hingeschaut?«

Einer jedenfalls hatte hingeschaut. In späteren Jahren sollte sich Adzio lebhaft an einen »alten Mann« erinnern (wohlgemerkt: Thomas Mann war damals erst sechsunddreißig), dessen Blick ihm überallhin folgte und der ständig im Schatten lauerte, wenn die Familie Moes durch das berühmte, wie von Piranesi entworfene Labyrinth der mit Touristen verstopften Straßen und der finsteren, von keinem Sonnenstrahl erhellten Gassen und Treppen und Bögen und Säulen sowie jener für Venedig so typischen Plätze flanierte, deren verzierte Brunnen stets den Eindruck vermitteln, die Kanäle seien übergelaufen. Adzio flog jeweils, wie er sich später erinnerte, ein besonders glühender Blick zu, wenn er und sein Bewunderer gleichzeitig in den Hotellift stiegen, eine Szene, die sowohl in der Novelle wie im Film bis ins kleinste Detail nachgebildet wurde, wobei man gerade der Verfilmung den ziemlich haltlosen Vorwurf machte, Tadzio sei sich Aschenbachs Interesse auf zu kokette Weise bewußt. »Das ist doch bloß einer dieser Herren, denen ich gefalle«, pflegte er seiner Gouvernante zu versichern. In jenen Tagen seliger Unschuld zu Beginn des Jahrhunderts hielt es offenbar niemand für angezeigt, dem Knaben zu raten, er solle einen großen Bogen um »alte Männer« machen, besonders wenn diese erst Mitte dreißig waren. (Daß hingegen Thomas Mann seinen beschämten Protagonisten den zunehmenden Argwohn fühlen läßt, den dieser bei den Erwachsenen in Tadzios Umgebung durch sein fortwährendes Auftauchen erregt, war bestimmt weniger auf die realen Begebenheiten zurückzuführen als auf die wohl unterschwelligen sexuellen Schuldgefühle des Autors.)

Doch obgleich ihm die Mutter immer wieder sagte: »Ja, du bist hübsch, aber dafür kannst du nichts, also solltest du dir auch nicht allzuviel darauf einbilden«, blieb Wladyslaw Moes Zeit seines Lebens ein Dandy, was im kommunistischen Polen eine beachtliche Leistung war. Maria erinnert sich an seinen Paris-Aufenthalt im Jahre 1980: »Damals war er bereits achtzig und hatte ein eher beschwerliches Leben hinter sich. Da sein grauer Star nicht mehr operiert werden konnte, ließ sein Sehvermögen immer mehr nach. Doch kaum gingen wir aus dem Haus, mußte er sich vergewissern, ob er auch tipptopp aussehe, und da er dies nicht mehr selbst bewerkstelligen konnte, fragte er eben mich, ob sein Hemdkragen wirklich sauber sei und seine Krawatte sitze. Es war ihm wichtig, jenen ›Look‹ zu pflegen, den er sein Leben lang kultiviert hatte.«

Ich erlaube mir an dieser Stelle eine kleine Abschweifung, denn dem Leser, der die Fotografien in diesem Buch bereits betrachtet hat, drängt sich wohl eine ganz bestimmte Frage auf: *Wie* schön war der kleine Wladyslaw eigentlich? Da die Schönheit bekanntlich im Auge des Betrachters liegt, kommt jeder von uns zu seinem persönlichen und notwendigerweise sehr subjektiven Schluß. Doch nehmen wir einmal die Einschätzung von Tarquin Winot, dem hedonistischen Helden in John Lanchesters Bestseller *Die Lust und ihr Preis,* als er sich ein paar der fraglichen Fotografien in einem (von meiner Wenigkeit stammenden) Artikel ansieht, auf den er ganz zufällig gestoßen ist. »Das betreffende Kind«, nörgelt Winot, »kann man ehrlicherweise nur als *Klops* bezeichnen.«

Wie bitte, als Klops? Dieser Knabe, dessen liebliches Antlitz Thomas Mann vermutlich nicht weniger berührt hat wie die orchideenhafte Schönheit seiner literarischen Nachbildung den armen, todgeweihten Gustav von Aschenbach – ein Klops? Dieser pausbäckige Engel, der Mann auf dem Lido nicht nur ins Auge, sondern geradewegs ins Herz sprang? Geht das nicht ein bißchen zu weit?

43

Und doch läßt sich eine gewisse Ernüchterung nicht leugnen, die sich noch verstärkt, wenn man Fotografien des echten »Tadzio« mit denen seines Leinwandabbilds Björn Andresen vergleicht, des schwedischen Jünglings aus Viscontis Verfilmung. War Thomas Mann kurzsichtig? Machte ihn die Liebe blind? Oder täuschte er sich einfach?

Der menschliche Körper kennt im Grunde keinerlei Stillstand. Er unterliegt, so jedenfalls lehrt uns die Geschichte, der Launenhaftigkeit der Mode genauso wie jene Kleidungsstücke, die ihn verhüllen, aber auch enthüllen sollen. Von einem Jahrhundert zum anderen, von einem Jahrzehnt zum anderen – heute könnte man sogar sagen: von einem Jahr zum anderen – werden die Beine länger und schlanker, die Röcke ebenfalls, die Busen werden üppiger, die Blusen ziehen nach, eine Fleischlichkeit à la Rubens weicht allmählich einer Knochigkeit à la Modigliani und vice versa. Hin und her, her und hin – nie kommt das Pendel zur Ruhe.

Dieser zyklische Vorgang bringt es auf der elementarsten Ebene jedoch mit sich, daß alle Menschen scheinbar um so »sexyer« werden, je näher sie unserer eigenen Zeit stehen. Kurzum, menschliche Schönheit altert nicht nur, sie *veraltet* auch. Im individuellen Sinne altert sie natürlich dadurch, daß der Träger solcher Schönheit feststellen muß, wie der Zahn der Zeit sie mehr und mehr zerfrißt. Gleichzeitig aber veraltet sie auch auf sozioästhetischer Ebene, allerdings – analog zu der sich ständig verändernden Wahrnehmung körperlicher Anmut – in weit gemächlicherem Tempo. Dies hat zur Folge, daß jemand, der einst als der absolute Inbegriff der Wohlgeformtheit galt, irgendwann nichts weiter ist als – ein Klops.

Es hat etwas Merkwürdiges: Wir alle machen uns gerne vor, daß die Epoche, in der wir zufällig leben, eine Art Kulminationspunkt darstellt, auf den die gesamte Geschichte menschlichen Fortschrittes unbeirrt zugelaufen ist. Wir können uns einfach nicht vorstellen, wie es gewesen sein muß, in einem anderen Zeitalter gelebt zu haben, denn trotz aller Makel und Mängel, Ängste und Absurditäten paßt uns unser eigenes Zeitalter eben *wie angegossen*. Gleichwohl wird diese Gegenwart, in der wir leben, eines Tages als genauso konventionsgebunden erscheinen wie alle vorangegangenen Gegenwarten. Und auch wenn die »Traummaße« eines heutigen Supermodels in unseren Augen die formale *Zwangsläufigkeit* einer geometrischen Figur haben – zwei eng beieinanderliegende Parallelen anstelle einer Taille, ein modisch kleiner Busen, lange, schlaksige Beine, an denen man gleich Leitersprossen anbringen könnte –, so werden sie in bezug auf den von ihnen dargestellten Typus früher oder später als genauso historisch determiniert und alterungsanfällig gelten wie die vom betreffenden Model getragenen Kleider. Mögen wir auch instinktiv glauben, die Kontinuität weiblicher Schönheit habe zielsicher diesem Höhepunkt zugestrebt, so werden sich für diese spezielle Anatomie und ihre Bekleidung irgendwann nur noch Sozialgeschichtler und exzentrische Nostalgiker interessieren.

Und das gilt nicht nur für die weibliche Schönheit: Meines Erachtens hat die gleiche Entwicklung auch schon Wladyslaw Moes eingeholt, und es ist bereits abzusehen, daß sich unsere Nachkommen die einhellige Begeisterung über Björn Andresens Anmut (als Viscontis Verfilmung in die Kinos kam, apostrophierte man den kleinen Björn, sehr zum Verdruß von Helmut Berger, dem verflossenen *mignon* des Regisseurs, als den »schönsten Knaben der Welt«) dereinst genausowenig erklären können wie wir uns heute Thomas Manns damalige Verzückung. Eines Tages, so unvorstellbar dies vorläufig klingen mag, wird Andresen genauso altbacken dastehen wie heute sein Vorbild aus den Anfängen des 20. Jahrhunderts.

Doch kehren wir zurück ins Jahr 1911: Zu jener Zeit besaß die Familie Fudakowski – deren Sohn Jas auf damaligen Fotos der koboldhaftere und robustere der beiden Spielgefährten war – ein ansehnliches Landgut unweit der polnisch-russischen Grenze. Die Familien Moes und Fudakowski waren nicht näher befreundet, und so reiste man auf getrennten Wegen nach Venedig und logierte zu Beginn auch nicht im selben Hotel. Doch die Mütter von Jas und Adzio, die sich bereits kannten, hatten vereinbart, daß sich die beiden Familien auf dem Lido treffen sollten. Seltsamerweise verlief das weitere Leben der beiden Knaben, aus deren Kindheit ein Großschriftsteller inzwischen eine Momentaufnahme für die Ewigkeit angefertigt hatte, die er wie einen Schmetterling auf einen Korken spießte, in parallelen Bahnen. Diese Parallelen sollten sich (man verzeihe mir das Oxymoron) später sogar schneiden, denn die Heirat von Adzios Neffen mit der Tochter von Jas' Cousine machte aus Adzios Tochter Maria und Jas' Sohn Wojciech entfernte Verwandte, obwohl es erst 1988 zu einer ersten Begegnung der beiden kommen sollte. (Es bleibt dem Leser überlassen, den exakten Verwandtschaftsgrad auszuknobeln.)

Natürlich war der Erste Weltkrieg das einschneidendste Ereignis im Leben der beiden Jugendlichen. In den ersten zwei Kriegsjahren führte die polnische Armee unter dem berühmten General und Politiker (und späteren Diktator) Jozef Pilsudski einen ausgesprochen nationalistisch gefärbten Feldzug gegen Rußland, den Erbfeind des Landes, und zwar an der Seite Deutschlands und Österreichs. Die Allianz gipfelte darin, daß diese beiden Staaten 1916 ein unabhängiges polnisches Königreich ausriefen.

Inzwischen war die Familie Moes im Süden zwischen die Fronten geraten. Die familieneigenen Papierfabriken wurden dem Erdboden gleichgemacht. Gleichzeitig setzten die Russen im Bemühen, den österreichischen Vormarsch zu stoppen, auch das Gutshaus der Familie Fudakowski in Brand. Hierauf packte man das Allernötigste und floh in die Ukraine, wo ein weiterer Zweig der Familie lebte. Erst 1919, nach der russischen Revolution, gelang die Rückkehr.

Mit vierzehn (also im sehr turbulenten Jahre 1914) trat Adzio zusammen mit anderen Sprößlingen aus dem Bekanntenkreis seiner Eltern in das kleine und exklusive Warschauer Internat zum Heiligen Stanislaus Kostka ein. Als er vier Jahre später von dort abging, mußte er noch in den letzten Kriegsmonaten seinen Militärdienst ableisten. Doch auch der Waffenstillstand brachte dem Land kaum Erleichterung, sondern entpuppte sich als ein weiteres traumatisches Ereignis. Der Versailler Vertrag von 1919 gewährte Polen über den sogenannten Polnischen Korridor Zugang zur Ostsee. Schon bald zog der britische Außenminister Lord Curzon jedoch eine aus polnischer Sicht vollkommen inakzeptable Grenzlinie zu Rußland. Und da sich die erst kurz zuvor aus der Taufe gehobene

Adzio als Sechzehnjähriger

Sowjetunion – wie ein Vierteljahrhundert später noch einmal – wenig geneigt zeigte, die widerrechtlich besetzten Gebiete zu räumen, brach zwischen den beiden Feinden abermals Krieg aus. Der Zufall wollte es nun, daß sowohl Adzio wie Jas, vermutlich ohne voneinander zu wissen, als Freiwillige in dasselbe Regiment, die Erste Kavallerie, eintraten und an die russische Front abkommandiert wurden. (Adzio erzählte Maria später, seine Großmutter habe ihm zum Abschied die Hände gedrückt und folgendes mit auf den Weg gegeben: »Aus diesem Krieg kehrst du entweder als lebender oder als toter Held zurück.« Eine Alternative dazu schien es in der Familie Moes nicht zu geben.)

Jener Krieg war so mörderisch wie jeder, der je auf russischem Boden ausgefochten wurde, und der immer noch schwächliche Adzio, welcher inzwischen im Rang eines Leutnants stand, sah sich extremen Temperaturschwankungen ausgesetzt: vom stickigen Mief in den überheizten Bauernhütten, wo er einquartiert wurde, bis zu der Eiseskälte in den Flüssen, die er mehr als einmal mit nacktem Oberkörper zu durchwaten hatte. Seiner Gesundheit war dieses Martyrium paradoxerweise sehr zuträglich. Als er 1921 aus dem Kriegsdienst entlassen wurde – in Riga war ein für Polen sehr günstiger Friedensvertrag unterzeichnet worden, nachdem das Land, einmaliger Fall in der Geschichte der beiden Nationen, die Russen besiegt hatte –, verfügte der schwache junge Mann, dessen literarischem Doppelgänger Aschenbach bekanntlich prophezeit hatte, er werde »wahrscheinlich nicht alt werden«, über die Konstitution eines Ochsen, und so sollte es auch für den Rest seines Lebens bleiben; das Loch in seiner Lunge war im Schmelztiegel aus Feuer und Eis offenbar ganz von selbst verheilt. Auch hatte er sich als Soldat bewährt und kehrte mit einem Verdienstkreuz für Tapferkeit vor dem Feind zurück.

Jas dagegen hatte sich bei einer Kavallerieattacke gegen Kosakentruppen eine Beinverletzung zugezogen und kam, nachdem auch er mit einem Verdienstkreuz ausgezeichnet worden war, für mehrere Wochen zur Genesung in ein Warschauer Krankenhaus.

Die einstigen Gefährten kehrten in ein kriegsversehrtes Land zurück. Obwohl 1921 eine republikanische Verfassung in Kraft getreten war, große Sozial-, Agrar- und Steuerreformen in die Wege geleitet und die ersten zaghaften Schritte in Richtung Industrialisierung getan wurden, blieb Polen eine Agrargesellschaft mit teilweise stark feudalen Zügen. Das Los der Bauern war nicht weniger bitter als noch im 19. Jahrhundert.

Aufgrund mißlicher Umstände (Adzios gelähmter Vater, der auf die siebzig zuging, konnte den Familienbetrieb nicht länger leiten) war an ein Universitätsstudium nicht mehr zu denken, und der Junge sah sich

Wladyslaw (Adzio) Moes auf seinem Landgut in Polen

unerwartet selbst mit der Leitung der Papierfabriken betraut. Seine Tochter, der er diese Zeit später oft als eine der härtesten seines Lebens schilderte, drückt es heute so aus: »Mein Vater nahm die Verantwortung, die man ihm aufbürdete, sehr ernst, obwohl er fand, die Bürde sei für einen Mann seines Alters eindeutig zu schwer. Zwar wollte er die vollkommen auf ihn angewiesene Familie nicht enttäuschen, doch gleichzeitig fühlte er sich sehr alleine« – sein älterer Bruder Alexander durfte auf die Universität gehen –, »und auch wenn er es weder an Stolz noch an Ehrgeiz fehlen ließ, fragte er sich mitunter doch, ob er die Kraft habe, um all die komplexen wirtschaftlichen Entscheidungen zu treffen, für die er überhaupt nicht vorbereitet war.«

Die Verantwortung wuchs noch, als die Kinder der Familie Moes innerhalb weniger Jahre volljährig und die Ländereien unter ihnen aufgeteilt wurden. Neben allen anderen Verpflichtungen war Adzio nun auch noch Alleinbesitzer des herrschaftlichen Bauerngutes Udorz.

Mit seinem Charme wußte der junge Wladyslaw Moes alle Welt zu verzaubern. Dank seines angenehmen Äußeren und seiner Leidenschaft für Pferde, Hunde und die Jagd, für Musik und Festivitäten, gutes Essen und Wein lag ihm die Damenwelt auf jeder Party zu Füßen, und gerade zur Zeit des Karnevals ließ er für einen Ball in Warschau oder Krakau alles liegen und stehen, denn auf seine Tanzkünste bildete er sich einiges ein. Doch obschon er wohl nicht der geborene Geschäftsmann war, widmete er sich den ihm aufgezwungenen Aufgaben mehr als nur pflichtschuldig. Er, der weder Puritaner noch Playboy war, brachte Arbeit und Vergnügen unter einen Hut, und dies sogar während der Wirtschaftskrise, die Ende der zwanziger und Anfang der dreißiger Jahre Osteuropa nicht weniger zu schaffen machte als dem Westen. So groß war seine Lebenslust, daß er Mitte der dreißiger Jahre tatsächlich die ausgefallene und nie verwirklichte Idee hatte, mit seiner künftigen Frau auf eine große Weltreise zu gehen.

Seine nachmalige Gattin hatte Adzio in einer Abendgesellschaft bei gemeinsamen Freunden in Warschau kennengelernt. Anna Belina Brzozowska, Tochter von Graf Wladyslaw Belina Brzozowski und Maria Rawita Ostrowska (die Familie Ostrowski zählt auch heute noch zum polnischen Hochadel), wurde am 13. Dezember 1911 in der polnischen Hauptstadt geboren. Die Brzozowskis waren ein wohlhabendes Gutsherrengeschlecht und lebten schon lange in Podole, einer Landwirtschaftsgegend in der damals teilweise zu Polen gehörenden Ukraine, von wo sie – sei es aus reinem Zufall, sei es in weiser Voraussicht – kurz vor Ausbruch des Polnisch-Sowjetischen Krieges in Richtung Westen wegzogen.

Die mehrsprachige Anna (sie war nicht nur des Polnischen, sondern auch des Deutschen, Französischen und Englischen mächtig, was ihr in den entbehrungsreichen Zeiten, die bevorstanden, noch sehr zugute kommen sollte) ging bis 1923 im heimischen Poznan zur Schule, besuchte dann in Brüssel eine Sekretärinnenschule (merkwürdigerweise von Nonnen geführt) und bildete sich später in der Schweiz in Garten- und Landbau weiter, ehe sie nach Polen zurückkehrte. Am 27. April 1935 wurden sie und Adzio in der Warschauer Sankt-Alexander-Kirche getraut. Kurz nach der Hochzeit schenkte sie ihrem Gat-

Vermählung von Anna und Wladyslaw (Adzio) Moes, Warschau 1935

ten einen »Willis«. Dieses schnittige schwarze Automobil aus Großbritannien erfreute sich im Polen der Vorkriegszeit großer Beliebtheit. Die Familie Moes hatte zwar, wie die meisten Autobesitzer unter ihren Bekannten, einen eigenen Chauffeur, doch da sich zu jener Zeit auch der schneidige, flotte und fast verwegene Adzio vom Tempo berauschen ließ, warf er schon bald alle Konventionen leichthin über Bord und schwang sich immer wieder selbst hinters Lenkrad.

Während der dreißiger Jahre führte Adzio wieder das ebenso reizvolle wie sorglose Leben, das er schon als Kind gekannt hatte, und wähnte sich in der besten aller Welten. Als geborener Bonvivant kannte er so ziemlich jeden, den man im modischen Warschau zwischen den beiden Weltkriegen kennen mußte. Er und Anna (die 1936 ihr erstes Kind, Alexander, zur Welt brachte) gingen ebenso unermüdlich auf Partys, wie sie welche gaben, liebten Jagdgesellschaften und -bälle sowie Luxusferien in dem hübschen und eleganten Urlaubsort Jurata an der Ostsee. Adzios Leben, ereignisreich wie fast jedes Leben, aus anderer Perspektive betrachtet aber auch höchst ereignislos, nahm auf diese Weise seinen Gang, bis es 1939 einen radikalen Einschnitt erfuhr.

Die unglückselige Rolle, in die sich Polen bei Ausbruch des Zweiten Weltkriegs gedrängt sah, braucht hier wohl nicht rekapituliert zu werden. Am 1. September 1939 überrollten die Deutschen bekanntlich das von seinen vermeintlichen Verbündeten im Stich gelassene Land. Aufgrund der von Großbritannien und Frankreich noch Anfang des Jahres versprochenen Unterstützung hatte man sich in Sicherheit gewiegt und die deutschen Ansprüche auf die Stadt Danzig entschieden zurückgewiesen. Doch als Deutschland noch im gleichen Jahr einen Nichtangriffspakt mit der Sowjetunion schloß, der in einer Geheimklausel die Aufteilung Polens zwischen den beiden Großmächten regelte, war das Schicksal der Nation besiegelt. Da die Sowjetarmee im Osten und die Deutschen im Westen gleichzeitig in das Land einfielen, war der innere Widerstand schnell gebrochen; und als die Nazis 1941 den Pakt brachen und die Sowjetunion überfielen, geriet Polen, wie schließlich auch weite Teile Westeuropas, unter deutsche Besatzung.

Als Reserveoffizier wurde Wladyslaw Moes bereits 1939 eingezogen, und nach einer polnischen Niederlage bei Tomaszow Lubelski im Osten des Landes kam er in den letzten Septembertagen in Gefangenschaft. Bis Kriegsende blieb er in einem Kriegsgefangenenlager auf deutschem Gebiet interniert.

Wer altmodische Kriegsfilme wie *The Wooden Horse* oder *The Great Escape* mag, deren feurige Ideologie und meist frohgemute, actiongeladene Handlung eindeutig dazu neigen, die größeren Abscheulichkeiten des Zweiten Weltkriegs zu verbrämen, den ergreift beim Wort »Kriegsgefangenenlager« nicht unbedingt ein kalter Schauder. Die Lager in den betreffenden Filmen – Filme, die vom damaligen Publikum sowohl im wörtlichen wie im übertragenen Sinn als »eskapistisch« empfunden wurden – machen meist einen ziemlich fidelen Eindruck und unterscheiden sich jedenfalls kaum von den Sommerlagern, in die man als Teenager einst selbst gesteckt wurde, finden in ihnen doch sogar Cricketspiele und Laientheateraufführungen statt – letztere natürlich eine reine Tarnung für das furchtbar aufregende und ausnahmslos erfolgreiche Buddeln von Tunnels in die Freiheit.

Das Offlag (Offizierlager), in das Adzio kam, hatte mit solchen Vorstellungen wenig gemein. Zwar waren zu Beginn die Entbehrungen noch halbwegs erträglich, und die allgegenwärtige Frustration und Monotonie wurde nicht nur durch die Kameradschaft unter den Offizieren ausgeglichen, sondern auch durch verschiedene Lehrveranstaltungen, die man organisierte: So erteilte Adzio Französischunterricht und besuchte Vorlesungen in Geschichte. Allerdings gab es, wie er seiner Tochter später verriet, in den letzten Jahren seiner Gefangenschaft durchaus Augenblicke, in denen er – obwohl er Hunger litt, verbat es ihm sein Stolz, die Bewohner eines deutschen Nachbardorfes um Brot anzubetteln – ausgestreckt auf seiner Pritsche lag und sich, die Hände

Wladyslaw (Adzio) Moes, 1939 im Offlag

über der Brust gefaltet und regelrecht um den Tod betend, in sein vermeintliches Ende schickte.

Doch es sollte anders kommen. Im letzten Moment wurde sein Leben gerettet, und zwar dank des verspäteten, doch gerade deshalb um so willkommeneren Eintreffens der vom Internationalen Roten Kreuz eingeflogenen Hilfspakete. 1945 wurde der geschwächte, aber nicht gebrochene, halb verhungerte, aber doch am Leben gebliebene Mann durch die Briten befreit. Für sie leistete er anschließend auch als Dolmetscher und Verbindungsoffizier ein weiteres Jahr Dienst auf deutschem Territorium.

In den Nachkriegswirren des kommunistischen Polens, so wurde ihm schnell bewußt, hatte er, wie so viele seiner früheren Bekannten, alles verloren. Angefangen bei den familieneigenen Häusern, Landgütern und Papierfabriken über die Möbel und den Schmuck bis hin zu den Kleidern hatte der Staat ausnahmslos alles konfisziert. Obwohl sich Adzio stets durch jene Unverwüstlichkeit ausgezeichnet hatte, die fürs Überleben unabdingbar war, verbitterte ihn diese Behandlung begreiflicherweise. Solche Bitterkeit empfand er um so intensiver, als die Familie Moes, wie die nach seinem Vater benannte Straße beweist, immer stolz auf ihre soziale Ader und das gute Einvernehmen mit den in den Familienbetrieben tätigen Arbeitern, Bauern und Landarbeitern gewesen war.

Adzios Schwester Jadwiga hatte sich beispielsweise bei einer Bedienstetenfamilie, um die sie sich kümmerte, mit Tuberkulose angesteckt und war gestorben, und auch Barbara, die jüngste Schwester, verlor auf diese Weise einen Lungenflügel. »Mein Vater«, so Maria Tarchalski, »hat die Vorrechte seines Titels zwar durchaus genossen, doch er war auch der Ansicht, daß er und die ganze Familie hart gearbeitet und sich um das Gemeinwohl verdient gemacht hätten und es deswegen ungerecht gewesen sei, daß man sie um ihre gesellschaftliche und berufliche Stellung gebracht hatte.«

Selbstverständlich war er nicht der einzige, der für die Privilegien seiner Geburt büßen mußte. Während er in den letzten Kriegsmonaten im Gefangenenlager vor sich hinvegetierte, mußte in Polen seine Frau allein aufgrund ihrer aristokratischen Abstammung für zwei Monate ins Gefängnis; an diesem unpassenden Ort traf sie all ihre früheren Bekannten wieder, jene schicke Clique, in der die Familie Moes in den dreißiger Jahren verkehrt hatte. Anna, die später in Krakau wieder mit ihrem neunjährigen Sohn Alexander zusammengeführt wurde, verfolgten seit jenen Tagen schreckliche Erinnerungen an die Verhörzellen und Folterkammern, die sie jeweils aufzuwischen hatte.

Obwohl Adzio überhaupt nicht danach war, in ein Polen zurückzukehren, dessen Regierung ihn bestimmt als Parasit und Paria behandeln würde, stand er wie zahlreiche Mitgefangene vor dem Dilemma, daß seine Familie im Lande festsaß. Der kommunistische Staat hatte Anna und ihren Sohn bereits vom Familiengrundstück gewiesen, wobei sie nichts als einen kleinen Koffer mitnehmen durften. Was darin nicht Platz fand, mußte zurückgelassen werden. Doch selbst in jenen furchtbaren Tagen ging nicht alles verloren. Eine Handvoll Schmuck, den Anna im Haus versteckt hatte, wurde von den unbarmherzigen Plünderern nicht entdeckt und gelangte in ihren Besitz zurück. Daß Maria noch heute den Verlobungsring ihrer Mutter hat, verdankt sie einem Dienstmädchen, das diesen wegsteckte und zurückgab, als die Gefahr vorüber war.

Adzio schmiedete Pläne, um Anna und Alexander aus dem Land zu bringen, doch diese schlugen fehl, ohne daß Maria heute noch zu sagen wüßte, weshalb. Aus diesem Grund sah sich ihr Vater 1946 gezwungen, mit nichts als etwas Kleingeld in der Tasche nach Polen zurückzukehren. Dies war seine Heimat, aber auch das Land, aus dem man ihn fast sieben Jahre ausgesperrt hatte. Gleichzeitig war es ein Land, in dem es, wie ihm schnell klar wurde, für seinesgleichen keinen Platz mehr gab.

Er beschloß, das Beste aus der Situation zu machen, und zog mit Anna nach Jelenia Gora im Südwesten des Landes, wo im folgenden Jahr seine Tochter Maria zur

Welt kam. Zu jener Zeit begann für Wladyslaw Moes, der auf die harte Tristesse der Nachkriegszeit schlecht vorbereitet war, ein langer Leidensweg, mußte er doch mit mehr oder minder niedrigen Arbeiten seine Familie über Wasser halten. Es kann nicht erstaunen, daß ihn eine solch jähe und in seinen Augen durch nichts gerechtfertigte soziale Deklassierung mit großem Groll erfüllte, der nur dadurch etwas gemildert wurde, daß das gleiche Los auch all seine distinguierten Bekannten aus den Vorkriegsjahren ereilt hatte.

Da ohnehin nur mit bescheidenen Einkünften zu rechnen war, mußten beide Eheleute arbeiten gehen. Anna kam als Sekretärin unter, während Adzio, zweifellos wegen der Berufserfahrung, die er vor dem Krieg gesammelt hatte, eine Stelle in einer Papierfabrik fand (die man, um Marias bissige Bemerkung zu zitieren, »bestimmt jemand anderem geraubt hatte«). Faktisch, wenn auch nicht formell, leitete er das betreffende Unternehmen nun genau so, wie er zwischen den Weltkriegen sein eigenes geleitet hatte. Doch als Angehöriger der einstigen Hautevolee blieb er *persona non grata* und bekleidete in der Hierarchie des staatseigenen Betriebs lediglich den Rang einer Hilfskraft mit entsprechend dünner Lohntüte.

Ironischerweise führte gerade seine erfolgreiche Leitung der Fabrik dazu, daß er plötzlich wieder auf der Straße stand. 1947 war ihm nämlich eine bessere Stellung mit besserem Gehalt angeboten worden, vorausgesetzt, er trete in die Partei ein. Er schlug das Angebot aus und erhielt prompt die fristlose Kündigung. Bis ans Ende seiner Tage blieb er ein rabiater Antikommunist, obwohl es ihm irgendwann möglich wurde, die eigene Vergangenheit und die seines Landes nicht mehr ausschließlich durch den düsteren Schleier der Nostalgie zu betrachten. Freilich deutete er nie auch nur mit einem Wort an, daß er jenseits der über Polen schwebenden Wolke des Marxismus den leisesten Silberstreif erkennen könne. Maria erinnert sich noch, in welche Verzweiflung sie als Jugendliche einmal geriet: In dem Theaterstück, das am Ende des Schuljahres gegeben wurde, hatte sie eine der Hauptrollen ergattert, mußte aber feststellen, daß ihr Vater die Aufführung boykottierte, da er auf gar keinen Fall dem Schuldirektor begegnen wollte, welcher – und wohl eher unter Druck denn aus ideologischer Überzeugung – in die Partei eingetreten war. Bei allem Verständnis für die Lage ihres Vaters vergaß sie ihm dieses Fernbleiben nie.

Nachdem Adzio also die einzige Stelle verloren hatte, für die er wirklich qualifiziert gewesen war, nahm er verschiedene Gelegenheitsarbeiten an. Zuerst war er Buchhalter für eine Warschauer Import-Export-Firma, während Anna als Sekretärin in einem staatseigenen Verlag arbeitete. Die Familie – zu der neben den Eltern und Sohn

Alexander neuerdings auch Tochter Maria zählte – lebte in einer bescheidenen Mietwohnung in Komorow, einem Vorort der Hauptstadt. »Unsere Lage«, sagt Maria, »war schwierig, die Stimmung miserabel.« Die Familie Moes konnte sich des Eindrucks nicht erwehren, von den Behörden weiterhin mit Argusaugen beobachtet und die ganze Zeit, ja praktisch rund um die Uhr observiert zu werden, was nicht einmal der kleinen Maria entging. Die Schikanen – willkürliche Verhöre, ständig wiederkehrende, stumpfsinnige Überprüfung der Papiere – führten schließlich dazu, daß Adzio erneut seine Stellung verlor und sich in Komorow als Vorarbeiter auf dem Bau verdingen mußte.

In den frühen fünfziger Jahren wandelte sich jedoch sowohl seine persönliche Situation wie die seines Landes zum Besseren. Die einst wohlhabende Familie Moes hatte wieder etwas Geld auf der hohen Kante und konnte sich 1954 mit Unterstützung von Adzios älterer Schwester Alexandra (die inzwischen in den USA wohnte) und der beiden anderen überlebenden Geschwister (die in Polen geblieben waren) einen kleinen Bungalow kaufen, in dem die wenigen Möbel aufgestellt wurden, die man bei dem Debakel von Wierbka hatte retten können.

Von diesem Moment an verbesserte sich die materielle Lage der Familie, auch wenn die Schicksalsschläge keineswegs vorüber waren. In welch verarmten Verhältnissen Adzio lebte, läßt sich etwa daraus ersehen, daß er, als er in den siebziger Jahren Viscontis Film *Morte a Venezia* sah und zu seiner Verwunderung auf der Tonspur deutlich den in Manns Novelle gar nicht vorkommenden Familiennamen »Moes« hörte (in der Szene, in der ein aufgelöster Aschenbach vom Hotelportier erfahren möchte, wem das Gepäck gehört, das zum Transport bereitliegt), in einem seiner Briefe an Jas laut darüber nachdachte, ob er wohl einen Anwalt beiziehen solle, um einen allfälligen Entschädigungsanspruch abzuklären. Wenn man bedenkt, wie wenig Interesse Visconti auf seiner Polenreise daran gezeigt hatte, sein Projekt von Wladyslaw Moes absegnen zu lassen, erscheint die Erwähnung seines Namens im Film – für den Durchschnittszuschauer ohnehin ein völlig unverständlicher Scherz – in der Tat wie eine unnötige Verletzung der Privatsphäre des Betroffenen.

Im Dezember 1955 ereilte die Familie Moes eine Tragödie, die schlimmer war als alles Bisherige: Ihr inzwischen 19jähriger Sohn Alexander, der begeistert Sport getrieben und scheinbar vor Gesundheit gestrotzt hatte, starb überraschend an Leukämie. Der Schmerz war Maria zufolge schier unerträglich. »Meine Eltern waren am Boden zerstört. Ich weiß noch, daß meine Mutter ständig in Tränen ausbrach.« Kurz nach Alexanders Begräbnis lief während des Mittagessens einmal Chopins »Marche

Wladyslaw (Adzio) Moes mit Sohn Alexander

funèbre« im Radio. »Meine Eltern, deren Stolz es niemals zugelassen hatte, vor mir ihr Leid zu zeigen, brachen zusammen. Ich habe das nie mehr vergessen können. Und seit jenem Tag hörten wir keinen Ton Chopin mehr.«

Doch das Leben ging weiter. Zwar hörte man nicht mehr Chopin, dafür aber Opern und Operetten sowie die neuesten Platten von Frank Sinatra, Maurice Chevalier und Ives Montand. Offensichtlich war die Familie ohnehin sehr frankophil. Als junges Mädchen fieberte Maria Woche für Woche der neuesten Ausgabe der französischen Illustrierten *Paris-Match* entgegen. Und trotz aller finanzieller Sorgen knauserte Adzio nicht bei Speis und Trank: »Zum Essen gehörte eine Flasche Chablis auf den Tisch und manchmal sogar sein Lieblingswein, ein Châteauneuf-du-Pape.« Maria erinnert sich auch noch, daß Adzio, nachdem seine Frau eine neue Stelle als Sekretärin in der griechischen Botschaft in Warschau und er selbst eine ganz ähnliche als recht gut bezahlter Dolmetscher der iranischen Botschaft gefunden hatte (wo offenbar die meisten Geschäfte auf französisch abgewickelt wurden), wieder mit der gleichen Pingeligkeit wie in den zwanziger Jahren auf sein Äußeres zu achten begann. »Er besaß eine umfangreiche, elegante Garderobe: maßgeschneiderte Anzüge, Hemden, Jacken und Krawatten; letztere waren immer sehr schick und doch von klassischer Schlichtheit. Nie ließ er sich in der Öffentlichkeit ohne Anzug und Hut blicken. Es war im Polen der fünfziger Jahre nicht einfach, auf stilvolle Kleidung zu achten, doch er brachte es irgendwie fertig.«

Die staatliche Paranoia hielt sich jedoch so hartnäckig, daß Menschen wie die Familie Moes selbst in jenen Jahren der relativen Entspannung nicht in Frieden gelassen wurden. Die – wenn auch nur untergeordnete – Tätigkeit der beiden Eheleute brachte es mit sich, daß sich bei ihnen manchmal Diplomaten trafen. (Immerhin, Adzio war ein Baron, obschon er offiziell auf der untersten Stufe der sozialen bzw. sozialistischen Leiter stand, da sämtliche Titel aus Zarenhand aberkannt worden waren.) Bei solchen Anlässen beobachtete man auch wieder genauer, wer bei der Familie Moes ein- und ausging; ganz eingestellt hatte man die Observation freilich nie. Sobald sich Bekannte der Familie aus dem diplomatischen Korps im Hause einfanden, kurvten Fahrzeuge, die sich schon aufgrund ihrer Anonymität als Polizeiautos zu erkennen gaben, im Kriechtempo um den kleinen Bungalow am Stadtrand von Warschau. Wladyslaw Moes wurde von der Geheimpolizei auch mehrmals aufgefordert, die Botschaft, in der er arbeitete, auszuspionieren.

Da all diese Schikanen nichts fruchteten, ließ die Geheimpolizei Jahre später ganz davon ab. Wahrscheinlich hatte man irgendwann doch bemerkt, daß man damit nur Zeit, Geld und Ressourcen verschwendete. Doch der

Mensch ist ein Gewohnheitstier: Als Viscontis Film *Morte a Venezia* 1971 in die Kinos kam und nicht nur Adzio, sondern die ganze Welt (oder zumindest jener Teil der Welt, der sich für solche Dinge interessiert) den Namen »Moes« aus dem Mund des Portiers im Hôtel des Bains vernahm, machte sich eine Gruppe deutscher Journalisten nach Komorow auf, um den Original-Tadzio zu interviewen. Und erneut begannen die Polizeiautos nervös ums Haus zu kurven, denn bestimmt hatte man Angst, der »vormalige« Baron Moes, dieser einst adelige Großgrundbesitzer, für den der Kommunismus bekanntlich ein rotes Tuch war, könnte sich zu unbedachten Äußerungen hinreißen lassen.

Insgesamt kam die Familie Moes in jenen Jahren aber doch, wie die anderen Polen auch, in den Genuß kleinerer Freiheiten. So verbrachte man den Urlaub wie in besseren Zeiten wieder an der Ostsee oder besuchte am Wochenende Freunde in Krakau, wo man in bürgerlichen, aber keineswegs prunkvollen Hotels logierte. Auch reiste man an die Masurischen Seen im Nordosten Polens. Nur zwei Orte wollte Adzio auf gar keinen Fall wiedersehen: die beiden ehemaligen Landgüter seiner Familie in Udorz und Wierbka. Solch bedrückende Ausflüge hätte man aber ohnehin nur klammheimlich unternehmen können, da es den früheren Großgrundbesitzern untersagt war, ihre einstigen Güter aufzusuchen. Maria hingegen reiste tatsächlich insgeheim zu dem Herrenhaus, von dem sie schon so viel gehört, in dem sie aber nie gewohnt hatte.

1971 beschloß sie zusammen mit einer Gruppe von Freunden – einen davon sollte sie später heiraten –, das Land zu verlassen. Nach zwei vergeblichen Anläufen erhielt sie schließlich ein Visum für einen zehntägigen Wien-Aufenthalt, allerdings nur unter der Bedingung, daß ihr Vater beim polnischen Finanzministerium eine Kaution hinterlegte, mit der sich der Staat, sollte sie es versäumen, nach Polen zurückzukehren, für die Gesamtkosten ihres zu Ende gehenden fünfjährigen Studiums am Warschauer Polytechnikum schadlos halten wollte. Wladyslaw Moes tat, wie ihm geheißen. Von Wien aus reiste die Gruppe weiter nach Paris, wo Maria und ihr künftiger Ehemann, ein Ingenieurstudent wie sie, auch blieben, anstatt sich, wie ursprünglich geplant, in Kanada oder Südafrika ein neues Leben aufzubauen.

Die einbehaltene Kaution riß zwar ein empfindliches Loch in Adzios Geldbeutel, doch im kommunistischen Polen sah er für Maria einfach keine Perspektive mehr. Das eigentliche Opfer war aber der Weggang der Tochter, der um so mehr schmerzte, als die Eheleute bereits ihren Sohn verloren hatten. Doch obwohl den Eltern und der Tochter mit Sicherheit klar war, daß sie einander vermutlich nicht wiedersehen würden, empfand Maria die

Wladyslaw (Adzio) Moes mit Auerhähnen

Abschiedsszene als seltsam emotionslos – fast wie damals, als Adzio in den Krieg gezogen war. Ihr Vater und ihre Mutter wahrten die aristokratische Contenance bis zum Ende.

Nach Annas Tod 1978 (seit Jahren schon hatte sie gekränkelt) und dank der allmählichen Lockerung der restriktiven polnischen Ausreisepraxis – ein sadistisches Gesetz erlaubte es älteren Bürgern, bei denen mit Flucht nicht mehr zu rechnen war, ins Ausland zu fahren, allerdings nur allein, ja nicht einmal in Begleitung des Ehepartners – besuchte der frankophile Adzio seine Tochter mehrmals in Paris. Auf einer dieser Reisen brach er sich den Oberschenkelknochen, ein Unfall, der ihn für den Rest seines Lebens leicht behindern sollte. Weit beschwerlicher wirkte sich für den betagten Mann jedoch eine Bluttransfusion aus, die er in einem Pariser Krankenhaus erhielt: Das Blut war infiziert, und er steckte sich mit Virus-B-Hepatitis an, einer Krankheit, von der er sich nie mehr ganz erholte. Da er inzwischen über achtzig war und nicht mehr für sich sorgen konnte, zog eine ledig gebliebene Cousine zu ihm an den Stadtrand.

Wladyslaw Moes starb am 17. Dezember 1986 im Alter von 86 Jahren in Warschau. Seine Tochter Maria kam nicht zu seiner Beerdigung, fürchtete sie doch nicht nur um ihre eigene Sicherheit sowie um die Möglichkeit, wieder nach Paris zurückkehren zu dürfen, sondern auch um die Gesundheit ihrer Tochter, mit der sie damals schwanger war.

Einige Jahre vor dem Tod ihres Vaters war es zu einem Zwischenfall gekommen, der den Schluß nahelegt, manches Menschenleben funktioniere wie ein Palindrom und lasse sich sowohl von vorn wie von hinten lesen. Wie bereits vor ihm (und wohl aus ähnlichen Motiven) sein ehemaliger Gefährte Jas, wollte auch Adzio Venedig noch einmal sehen. Die Reise fiel im letzten Moment ins Wasser, da er, Ironie des Schicksals, wegen einer Cholerawarnung nicht in die Lagunenstadt einreisen konnte.

Am Ende von Adzios Leben ereignete sich noch ein weiterer kurioser Zwischenfall: Nach all den Jahren standen sich Jas und er endlich wieder von Angesicht zu Angesicht gegenüber. Noch kurioser mutet freilich an, daß sich ihr Wiedersehen weder in Warschau noch in Venedig abspielte, sondern in einem großen Haus in der Nähe von Wimbledon Common. Hier ist wohl eine kurze Rückblende am Platz, die uns Aufschluß darüber geben soll, was aus Adzios früherem Gefährten wurde; zuletzt sahen wir ihn ja in einem Krankenhaus, wo er von einer Beinverletzung genas, die er sich 1920 im Polnisch-Sowjetischen Krieg zugezogen hatte.

Im Gegensatz zu seinem Jugendfreund ging Jan Fudakowski auf die Universität und studierte Agronomie. Doch sein Vater, der die Zerstörung des Landgutes nicht verwinden konnte und überdies zu den Millionen von Opfern der verheerenden Grippeepidemie gehörte, die Europa nach dem Ersten Weltkrieg heimsuchte, entschloß sich, seinen Besitz zu veräußern (und zwar an die Familie Wielowieyski, ein Name, der seltsamerweise auch im Stammbaum der Familie Moes auftaucht). Er erzielte dabei einen angemessen erscheinenden Erlös, doch dieser wurde schon nach knapp drei Monaten von der schwindelerregenden Inflation aufgefressen, die letztlich die ganze Wirtschaft des Landes zugrunde richten sollte. In den zwanziger Jahren heiratete Jas und erwarb einen kleineren Bauernhof, der aber leider genau auf der zweiten Verteidigungslinie gegen Ostpreußen lag, weshalb die Familie Fudakowski zu den ersten gehörte, die 1939 ihr Bündel schnüren mußten.

Jas wurde sofort eingezogen und kam nach der militärischen Niederlage und Besetzung Polens in ein Internierungslager in Litauen, aus dem er allerdings fliehen konnte. Zuerst verschlug es ihn nach Schweden, anschließend nach Frankreich, wo die polnische Exilarmee Quartier bezogen hatte. Nachdem er im Jahre 1940 aus Perpignan evakuiert worden war, schloß er sich dem in Schottland stationierten 10. Polnischen Mot-Schützenregiment an Später berief ihn die polnische Exilregierung nach London ins Landwirtschaftsministerium. Und nach dem Kriegsende ging er zur UNRRA (United Nations Relief and Rehabilitation Administration) in Wien, wo seine Familie wieder zusammenkam. Auch sein inzwischen ebenfalls in die Armee eingezogener Sohn Wojciech hatte sich während eines Urlaubs davongestohlen, um seine Verwandtschaft in Österreich zu treffen, und kehrte nie wieder nach Polen zurück. Später zog die Familie nach London und ließ sich schließlich ganz in England nieder.

Vor Jan Fudakowski lag eine schwere Zeit, doch verdrießen ließ er sich deswegen nie. Sein Sohn hat ihn als einen »aufopferungsvollen Mann« in Erinnerung behalten, »der für uns jede Entbehrung in Kauf nahm. Er blieb optimistisch und blickte immer nach vorn und nie zurück. Wer im 20. Jahrhundert Pole sein will, der muß lernen, sich anzupassen.«

In England konnte er seinen angestammten Beruf nicht ausüben und mußte allerlei Gelegenheitsarbeiten annehmen. Die interessanteste Stelle – jedenfalls *pour la petite anecdote* – war die eines Verwalters von Harlaxton Manor in der Grafschaft Lincolnshire. Dieses zum Jesuiteninternat umfunktionierte ehemalige Herrenhaus bei Grantham lag in unmittelbarer Nähe jenes Lebensmittelgeschäftes, über dem das heute berühmteste Kind der Gemeinde,

Margaret Thatcher, gezeugt worden war: Vom *Tod in Venedig* zum *Leben in der Downing Street* – kulturell ist das eine Abkürzung, ja geradezu ein Kurzschluß, wie man ihn nicht aus der Literatur, sondern nur aus der Geschichte kennt. (Wie gerne würde ich hinzufügen, daß Wojciech, der wie Thatcher Chemie studiert hatte, einer ihrer Kommilitonen gewesen sei, doch nicht einmal die Geschichte hat in unseren Bericht einen solchen Knoten schürzen wollen.)

Für Jas war das Emigrantendasein alles andere als ein sorgenfreier Ruheposten. Das reizende Haus im lauschig-vorstädtischen Wimbledon, in dem er bis an sein Lebensende wohnte und dessen typisch britisches Äußeres mit den erinnerungssatten polnischen Memorabilien kontrastierte, die sich in den Zimmern stapelten, wurde nicht von ihm, sondern von seinen Kindern gekauft. Und dorthin führte Adzios in Ealing lebender Neffe 1973 auch seinen für ein paar Tage nach England gekommenen Onkel. Die Kinder wissen zwar nicht mehr genau, wann sich die beiden zum letztenmal gesehen hatten; bestimmt war dies aber noch vor Ausbruch des Zweiten Weltkrigs gewesen.

Leider werden wir nie erfahren, was sie einander zu sagen hatten, diese beiden Männer, die inzwischen weit älter waren als Thomas Mann, als er sie zum erstenmal am Strand des Lidos beim ausgelassenen Spiel beobachtet hatte; aber auch älter, viel älter als Gustav von Aschenbach, als er von einem mürrischen, einsilbigen Charon, der auf dem erhöhten Heck seiner Gondel Balanceakte vollführte wie ein Seiltänzer über den Wassern, durch die stygische Lagune gerudert wurde, um den Tod in Venedig zu finden.

Wladyslaw Moes (1900–1986)

Visconti und die anderen

Adzio segnete naturgemäß früher als sein literarischer Zwilling Tadzio das Zeitliche, und seine Existenz wurde überlagert von jener des teils faktischen, teils fiktiven Mann'schen Geschöpfes, das zu einer der strahlendsten und wirkungsmächtigsten Ikonen der Kulturgeschichte mindestens des 20. Jahrhunderts werden sollte und von Menschen, die den *Tod in Venedig* nie gelesen haben, fast genauso schnell identifiziert wird wie von jenen, die dies getan haben. Wie und warum konnte es zu solcher Mythisierung – und eben auch Mystifizierung – kommen?

Daß es in den letzten neun Jahrzehnten dazu gekommen ist, läßt sich nicht leugnen, selbst wenn wir jenes eine Werk vorläufig ausklammern, das am meisten zur Popularisierung und Perpetuierung des Tadzio-Mythos beigetragen hat: Nein, ich spreche nicht von Manns Novelle, sondern von Viscontis Verfilmung.

Über diesen Film gleich mehr. Sein Einfluß läßt sich übrigens schon daran ermessen, daß Benjamin Britten wohl eher durch Viscontis Film als durch Manns Buch dazu inspiriert wurde, eine Opernfassung zu komponieren. Die bereits existierende Verfilmung führte allerdings auch zu einer ermüdenden urheberrechtlichen Auseinandersetzung, deren Beilegung sich zu Brittens Verzweiflung unendlich hinzog. Ermutigt durch Thomas Manns jüngsten Sohn Golo (der ihm außerdem mitteilte, in den Augen seines Vater wäre er, Britten, der ideale Komponist gewesen, um seinen Roman *Doktor Faustus* für die Oper zu bearbeiten), hatte Britten die Zusammenarbeit mit seinem Librettisten, dem Maler John Piper, bereits begonnen, noch bevor sich die Rechte an der Novelle in seinem Besitz befanden.

Im Juni 1973 gelangte die Oper beim Aldeburgh Festival zur Uraufführung. Der Tenor Peter Pears, stimmliche Muse und Lebensgefährte des Komponisten, sang die Hauptrolle des Aschenbach. Der Bariton John Shirley-Quirk spielte eine ganze Reihe von Rollen: den ziegenbärtigen alten Geck auf der Fähre, den schroffen Gondoliere, den Hotelmanager, den peniblen Coiffeur, der sich der wenig reizvollen Herausforderung stellt, Aschenbach für die Schlüsselszene »aufzuhübschen«, und so weiter. Tadzios Rolle dagegen (in der Erstaufführung von einem unpassend muskulösen Burschen gespielt) wurde nicht etwa gesungen, sondern getanzt. Die Oper hat inzwischen einen respektablen Platz im internationalen Repertoire gefunden, doch man darf wohl sagen, daß sie – vielleicht weil sich die Vorlage im Grunde gegen eine

Bühnenbearbeitung sperrt – weder zu jenen Kompositionen Brittens gehört (noch je gehören wird), denen man die größte Wertschätzung entgegenbringt.

Britten selbst wußte nie so recht, wie er sein Werk beurteilen sollte. Zu Frederick Ashton, der Tadzios Tanzeinlagen am Strand des Lidos choreographiert hatte, sagte er einmal, das Stück sei »entweder das beste oder das schlechteste, das ich je komponiert habe« – ehrlich gesagt stimmt beides nicht ganz –, um in raunend-spöttischem Ton hinzufügen, er habe »furchtbare Angst gehabt, das Stück jemandem vorzuspielen«. Doch erst vor seinem jüngeren Komponistenkollegen Colin Matthews legte er die Karten zumindest teilweise auf den Tisch und enthüllte dabei vielleicht sogar, wie weit seine Identifizierung mit Aschenbach inzwischen ging. Als er im Fachblatt *Opera* lesen mußte, Thema von *Death in Venice* und all seiner anderen Bühnenwerke sei der »Verlust der Unschuld«, schleuderte er die Zeitschrift mit einem wütenden »Absoluter Blödsinn!« in die Ecke.

Matthews hielt sich in Brittens Gegenwart mit seiner eigenen Meinung zwar zurück, fragte sich insgeheim aber doch, welches gemeinsame Thema die Werke Brittens wohl sonst hätten. Und tatsächlich war die Verstörung, die die Schönheit eines jungen männlichen Wesens bei einem weder jungen noch schönen Gegenüber auslösen kann, dem Komponisten keineswegs fremd. Bereits

1951 hatte er – und zwar erfolgreicher als mit *Death in Venice* – die Opernfassung des wohl berühmtesten literarischen Werkes dieser Gattung komponiert: Herman Melvilles *Billy Budd*.

Visconti und Britten sind die bedeutendsten Bearbeiter der Mann'schen Novelle. Doch wenn wir bedenken, mit welch unersättlichem Vampirismus, mit welch anstößiger Wonne sich im heutigen Kulturbetrieb ein Medium, ein Genre, ja selbst ein einzelner Text vollkommen ungeniert an einem anderen gütlich tut, so läßt sich der mythische Status jedes Kunstwerks oft weniger an den gerade herrschenden Trends als daran ablesen, wie häufig in den Nischen und an den Rändern einer Kultur darauf Bezug genommen wird. Deshalb wird uns die Resonanz, die *Der Tod in Venedig* als Ikone hat, nicht so sehr durch Viscontis Film oder Brittens Oper bewußt als vielmehr durch eine Ballung marginalerer und zum Teil nicht einmal expliziter Aneignungen seiner Struktur und Textur.

Das reicht von einem fünfseitigen Porträt des einstmaligen »Goldjungen« der Pariser Szene, François-Marie Banier (einschließlich einer Fotografie des sinnlichen jungen Autors in einem an Tadzio erinnernden Matrosenanzug), das Anfang der siebziger Jahre in der Farbbeilage der *Sunday Times* erschien, bis zu Paul Mazurskys Filmkomödie *Blume in Love* aus dem Jahre 1973, auf deren venezianischem Höhepunkt ganz kurz zu sehen ist, wie ein anachronistischer Aschenbach Arm in Arm mit Tadzio durch die Tauben und Touristen auf der Piazza San Marco schlendert. Oder es reicht von einem schmalen Büchlein mit dem Titel *Le Malheur au Lido,* einer köstlichen Mann-Parodie aus dem Jahre 1987, die der französische Dichter und Romancier Louis-René des Forêts seinem Freund und Schriftstellerkollegen Pierre Klossowski widmete – das »Malheur« des Titels bezieht sich selbstverständlich auf den Namen »Mahler«, was abermals beweist, daß sich Viscontis Verfilmung mit ihrem einprägsamen Soundtrack bereits das Prestige von Manns Text angeeignet hatte –, bis zu Harold Brodkeys Roman *Profane Freundschaft,* einer homoerotischen Liebesgeschichte, die ohne Manns Beispiel undenkbar wäre. Oder auch von der Verkörperung Tadzios (abermals im Matrosenanzug) durch David Hockneys Freund Peter Schlesinger in Jack Hazans Film *A Bigger Splash* bis zu einer kitschigen und furchtbar stillosen Umsetzung der Novelle auf der Bühne des Citizens Theatre of Glasgow.

Und schließlich gab es (die persönliche Anmerkung sei gestattet) auch noch eine von mir stammende Novelle, die später unter dem Titel *Love and Death on Long Island* verfilmt wurde und Manns Fabel als das Porträt eines einsamen älteren englischen Schriftstellers nacherzählte, der den billigen Reizen eines amerikanischen Teenageridols verfällt. In dieser Novelle hielt ich es mit

Dirk Bogarde und Björn Andresen in Viscontis Verfilmung

Louis-René des Forêts und machte kein Hehl daraus, daß ich ganz in Manns Schuld stand. So lautete schon der Titel, den mein Held seinem neuen Roman gab, *Adagio,* eine Anspielung nicht nur auf das Adagio (oder vielmehr Adagietto) in Mahlers Fünfter Symphonie, sondern auch auf den Namen »Tadzio« oder vielmehr auf das von Aschenbach herausgehörte »Adgio«. (Der Vollständigkeit halber sei hier noch erwähnt, daß ich für einen französischen Sammelband einst eine Erzählung schrieb, in der ein Besucher einer Canaletto-Ausstellung einem Jüngling durch sämtliche Veduten Venedigs nachschleicht.)

Doch kommen wir zu Viscontis Film. Dieser wurde 1971 erstmals auf dem Filmfestival in Cannes gezeigt, erhielt zum zähneknirschenden Verdruß des Regisseurs allerdings nicht die Palme d'Or, die statt dessen an Joseph Losey und Harold Pinter für deren Film *The Go-Between* ging. Der pikierte Visconti reiste unverzüglich und mit demonstrativ zur Schau getragenem Groll nach Italien ab, beruhigte sich aber wieder etwas, als der Film noch im gleichen Jahr für die Royal Command Performance in London nominiert wurde. 1976 behauptete François Truffaut in einem Brief an den Journalisten Gilles Jacob, der später selbst Direktor der Filmfestspiele von Cannes wurde, man habe damals den Regisseur dafür *bestrafen* wollen – nicht nur das Wort *bestrafen*, sondern auch dessen Hervorhebung stammt von Truffaut –, »daß er quasi mit dem Anspruch auf die Goldene Palme angereist kam«. Im Anschluß führte Truffaut auch noch einen höchst plausiblen Grund für die – gerade im Vergleich zu dem inzwischen fast in Vergessenheit geratenen *The Go-Between* – ungebrochene Popularität des Films an:

Morte a Venezia läuft andauernd in den Programmkinos, denn es ist ein Film von fast perfekter Form, der die Zeit gut überdauert hat; das ist zum Teil Mahler zu verdanken, aber auch dem einheitlichen Ton von Handlung und Stil, die Leute lieben diesen Film wie eine Schallplatte und sehen ihn sich immer wieder an.

Truffaut hat recht. Visconti war als Künstler weit rätselhafter, als man dies auf den ersten Blick vermuten könnte. Indem er Statistenscharen aufmarschieren ließ, ein glitzerndes *objet d'art* nach dem anderen heranzoomte und in Unmengen von Malergold und Kristall schwelgte, schien er seine opulenten Kostümfilme auf die genau gleiche Weise zu fabrizieren, wie dies Fernsehregisseure mit ihren plüschigen Klassikerserien tun. Doch seine Filme sind meisterhaft, ihre nicht. Warum? *Mystère,* wie die Franzosen sagen. Kommt hinzu, daß er sich von klassischen Texten genausowenig einschüchtern ließ; er verfilmte auch Boito, Verga, Dostojewski, Lampedusa und d'Annunzio. Visconti war im Grunde die leuchtendste und wohl einzige echte Ausnahme, die die Regel bestätigt, wonach eine Verfilmung um so miserabler ausfällt, je besser die literarische Vorlage ist. Doch weshalb wollte er *Tod in Venedig* überhaupt verfilmen?

Wer von einem Kritiker verlangt, er solle sich zu Viscontis Karriere äußern, ohne je den Ausdruck »Widerspruch« zu verwenden, könnte auch gleich jemanden bitten, mit den Händen auf dem Rücken eine Wendeltreppe zu beschreiben. Der marxistische Edelmann und Ästhet des 19. Jahrhunderts, der zu einem der Giganten der zentralen Kunstgattung des 20. Jahrhunderts werden sollte, der Regisseur, dessen Filme genausooft »opernhaft« genannt wurden wie seine Opernaufführungen »filmisch« – dies alles sind schon seit langem die Stereotypen und Klischees der Visconti-Exegese. Klischees aber gilt es zu vermeiden. Die erwähnten haben sich jedoch als besonders hartnäckig erwiesen.

Aber stimmen sie auch? Wie bei den meisten Klischees lautet die Antwort: ja und nein. Ja, denn Visconti war durchaus von Adel, und sein Familienname weist ja schon im Wortsinne auf eine aristokratische Abstammung hin (ob er je mehr als ein Salonmarxist war, mag da schon strittiger sein). Und jawohl: Für seine Verfilmungen wählte er Werke der erwähnten literarischen Genies, die vornehmlich aus dem 19. Jahrhundert stammten. Andererseits spielte die Mehrzahl seiner Filme in der Gegenwart, ganz gleich, ob es sich um Bearbeitungen oder um Originalstoffe handelte. Und was das dialektische Verhältnis von Oper und Film angeht, so haben Meisterwerke wie *Ossessione, Le Notti Bianche* und *Il Gattopardo* nichts Opernhaftes an sich (was in diesem Zusammenhang Steifheit und Theatralik bedeuten würde).

Mit einiger Distanz läßt sich zudem zeigen, daß diese an sich widersprüchlichen Etiketten durchaus zueinander passen. Berauscht von dem pulsierenden politischen und kulturellen Leben in Paris, wo Visconti zur Zeit der Volksfront lebte, wurde er zwangsläufig von dem leidenschaftlichen Eintreten der meisten französischen Intellektuellen für eine Verschmelzung von avantgardistischer Kunst und sozialistischer Politik beeinflußt. Ebenso zwangsläufig begann er seine Karriere als Regisseur mit zwei Schlüsselwerken des Neorealismus: *Ossessione* (eine Verfilmung von James M. Cains Roman *The Postman Always Rings Twice,* der allerdings weder namentlich erwähnt noch rechtlich abgegolten wurde) und *La Terra Trema* (ein Drama über die Ausbeutung armer sizilianischer Fischer, basierend auf einem Roman von Giovanni Verga, dem Meister des Verismo).

Paradoxerweise stand dieser Visconti in keinerlei Widerspruch zum Regisseur von *Morte a Venezia*. Wie so viele Sympathisanten aus der Mittel- und Oberschicht faszinierte auch ihn an Marx' Geschichtsphilosophie weniger der Klassenkampf an sich (geschweige denn die ökonomische Emanzipation des geschundenen Proletariats), sondern die Theorie vom gleichzeitigen Niedergang und der – wie man damals glaubte – endgültigen Auslöschung der herrschenden Kaste, der auch er angehörte. Ähnlich wie jene Laien, deren Wunsch, zum Papismus überzulaufen, sich eher der Verzückung über die liturgischen Rituale als irgendeinem offenbarten Glauben in die römisch-katholische Heilslehre verdankt, so berauschte auch Visconti nicht die unvermeidlich asketische Ikonographie der Arbeiterklasse, sondern die ästhetisch weit ansprechendere des todgeweihten *ancien régime*. Zwar behauptete er gern, *Morte a Venezia* sei »weder dekadent noch ästhetisch oder hedonistisch, sondern etwas viel Ernsthafteres und geradezu Griechisches, nämlich das Streben nach Perfektion, nach vollkommener Harmonie«, doch hier wie in anderen Werken elektrisierten ihn nicht unbedingt die Träume von einer klassenlosen Gesellschaft. Erregend – erotisch erregend, wie man mit Fug und Recht behaupten darf – fand er vielmehr das köstliche Schauspiel einer dahinsiechenden und in seinen Augen dem Untergang geweihten Bourgeoisie.

Natürlich läßt sich unmöglich sagen, was in ihm vorging, doch die obigen Bemerkungen sind wohl eine vernünftige Interpretation seiner Ausnahmestellung unter den Filmregisseuren. Das könnte auch erklären, weshalb man einen vermeintlich unpolitischen Film wie *Morte a Venezia* durchaus nicht, wie dies manche Journalisten getan haben, als unkritisches Schwelgen in einer angestaubten Oberschicht-Nostalgie abschreiben kann. Visconti war als Künstler viel zu hellsichtig, als daß er die ideologischen Spannungen, die sich auch noch hinter seinen scheinbar oberflächlichsten Werken verbergen, nicht gespürt hätte. Als Jongleur filmischer Erzählformen war er anderseits viel zu gerissen, als daß er nicht gewußt hätte, wie er sich ihrer zu bedienen hatte. Wenn, wie ich noch zeigen werde, Thomas Manns *Tod in Venedig* sowohl die Apotheose wie auch die Kritik einer soziosexuellen Tradition darstellt, dann verkörpert Viscontis Verfilmung über diesen Umstand hinaus die Obduktion einer Kultur, und zwar deutlich sichtbar für jeden, der aus seinen Filmen mehr herauslesen will als eine ekstatische Würdigung ihrer eleganten Ausstattungsstücke (zu denen man auch ihre menschlichen Ausstattungsstücke zählen könnte).

Truffaut irrt freilich, wenn er behauptet, *Morte a Venezia* sei ein nachgerade perfektes Werk. Dafür hält sich der Film viel zu sklavisch an die Vorlage und gleicht darin einem Splitter vom Kreuze Jesu Christi (und ist kaum authentischer als die meisten derartigen Splitter). Überaus holprig wirkt auch die Ansammlung unnötiger expositorischer Szenen, zu denen vor allem die scheußlich gestelzten Debatten über Krönung und Zweck alles Schöpferischen zwischen Aschenbach und einem Komponistenkollegen zählen, der angeblich Schönberg zum Modell hat, wie ja auch schon Aschenbach Mahler zum Modell hatte. (In der Novelle ist Aschenbach Schriftsteller, im Film Komponist; daß Visconti sich entschlossen hat, Dirk Bogarde als Mahler zu »verkleiden«, bedeutet keinen Verrat an Mann, dessen Schilderung von Aschenbachs Äußerem und auch die Entscheidung, seinem Helden Mahlers Vornamen Gustav zu geben, den Leser ja geradezu einladen, den gleichen Zusammenhang herzustellen.) Dennoch gräbt sich der Film, wie Truffauts Vergleich mit einer Schallplatte und also mit Musik nahelegt, auf heimtückische Weise ins Gedächtnis ein. Es schwingt etwas Hypnotisierendes in jenen Passagen mit (Mann bezeichnete die entsprechenden Seiten seiner Novelle gar als »hymnisch«), in denen wir Zeugen werden, wie der vernarrte Aschenbach dem kleinen Tadzio in geradezu lasziver Manier nachsteigt. Und auch wenn, wie wir gesehen haben, Viscontis Rekonstruktion der um die Jahrhundertwende in der *beau monde* geltenden Sitten und Gebräuche nicht ganz so lupenrein war, wie man dies von einem Meister des historischen Details hätte erwarten können, dann täuschte das, was er anzubieten hatte, Perfektion doch mindestens sehr überzeugend vor. Und so ist es fast undenkbar, daß jemand, der die Novelle erst *nach* Betrachtung des Filmes liest, zu einer völlig eigenständigen und der Vision des Regisseurs widersprechenden Vorstellung von den Figuren und Örtlichkeiten kommt.

Die eigentliche Nagelprobe für die Glaubwürdigkeit des Films ist aber natürlich Tadzio selbst. Man kann sagen, daß einerseits Viscontis Aschenbach, indem er eindeutig nicht der Aschenbach Thomas Manns ist, auch unmöglich der unsere sein kann (was keineswegs als Kritik an dem vortrefflichen und manchmal schlicht brillanten Bogarde zu verstehen ist), daß sich aber andererseits Björn Andresen auf immer und ewig als Tadzio in die kollektive Phantasie eingebrannt hat. Ohne Truffaut nahe treten zu wollen, würde ich sogar behaupten, daß sich die Popularität des Films im Grunde nur damit erklären läßt, daß Visconti für die Rolle des Tadzio einen Jüngling von solch hinreißender Schönheit fand, daß die Zuschauer, aber auch die Mann-Leser, den Eindruck gewannen, hier sei einem Modell Gerechtigkeit widerfahren, dem allgemein Einzigartigkeit attestiert wurde. Mann selbst bezeichnete die Entstehung von *Der Tod in Venedig* als eine Art Wunder. Das Wunder der Visconti-Verfilmung war die Besetzung der Rolle mit Andresen. Wäre er nicht so schön gewesen, dann wäre der Film auch nicht so gut. So einfach ist das. (Schenkt man einem eher fragwürdig klingenden Gerücht Glauben, dann machten Viscontis Produzenten am Anfang aus lauter Angst, der Film könnte ausschließlich ein schwules Publikum anziehen, tatsächlich den Vorschlag, Tadzios Rolle mit einem Mädchen zu besetzen!)

Es kann jedoch nicht ausgeschlossen werden, daß Visconti, wie sechs Jahrzehnte vor ihm schon Thomas Mann, den ersten Anflug von Mißbehagen an seinem Film verspürte, und genausowenig kann ausgeschlossen werden, daß ihn, ebenfalls wie Mann, dessen »Fehler und Schwächen« bekümmerten, aber auch Ängste, ob dieses Werk wohl »halb gebildet und falsch« sei. Das alles bleibt natürlich reine Spekulation; allerdings machte Visconti, hier nun im Gegensatz zu Mann, den *Tod in Venedig* tatsächlich ein zweites Mal. 1973, also keine zwei Jahre nach der Romanverfilmung, drehte er den wohl persönlichsten und (auf verblümte Weise) auch autobiographischsten Film seines Lebens, einen Film, der bezeichnenderweise den gleichen Stoff wie *Morte a Venezia* behandelte. Dieser Film hieß *Gruppo di Famiglia in un Interno.* Der englische Titel lautete übrigens *Conversation Piece,* was ungefähr das gleiche bedeutet – ganz im Gegensatz zu dem ziemlich kruden deutschen Titel *Gewalt und Leidenschaft.* In den Hauptrollen waren Burt Lancaster, Helmut Berger und Silvana Mangano zu sehen, jene Darstellerin also, die bereits Tadzios Mutter gespielt hatte.

Eine kurze Inhaltsangabe macht die Verwandtschaft mit *Morte a Venezia* sofort deutlich, obschon die Handlung in diesem Falle in Rom angesiedelt ist, und zwar fast ganz in der Wohnung der Hauptfigur. Lancaster spielt einen alternden Professor, der die im italienischen und englischen Filmtitel angesprochenen Genrebilder sammelt, die vor allem aus dem 18. Jahrhundert stammen. Die ihn in seiner hermetischen Vereinzelung umgebenden gemalten Familien anderer führen ihm immerzu die eigene traurige Existenz als geschiedener und kinderlos gebliebener Mann vor Augen. Eines Tages fällt eine Gruppe drogensüchtiger, neofaschistischer Studenten in seine klösterliche Abgeschiedenheit ein. Er verliebt sich unglücklich in den betörend charismatischen Konrad (Berger). Gegenstand des Filmes ist also wiederum ein Intellektueller, der von einem unwürdigen Objekt der Begierde aus seinem Schneckenhaus gelockt und schließlich ganz herausgerissen wird.

Hier nun kann man, mag sich der Regisseur auch noch so dagegen gesträubt haben – »Er ist egozentrisch«, meinte Visconti in einem Interview über seinen Helden, »ein vollkommen in sich gekehrter Mann, der in keine Beziehung zu seinen Mitmenschen treten kann, sondern lieber Gemälde von ihnen sammelt. Ich bin nicht so egoistisch. Ich habe sehr viele Freunde« –, der Versuchung nicht länger widerstehen, die Hauptfigur als Selbstporträt zu lesen, zumal der Schauspieler, der das Verlangen seines Stellvertreters erweckt, sein eigener früherer Liebhaber war. Für Lancaster scheint es keinen Zweifel an der wahren Identität seiner Figur gegeben zu haben, und so interpretierte er die Rolle, ohne daß der Regisseur dagegen protestiert hätte, indem er Viscontis Posen und Gebärden nachahmte.

Seit Viscontis Tod ist *Gruppo di Famiglia in un Interno* zu einer Art Kultfilm geworden. Zumindest für jene, in deren Augen *Morte a Venezia* – um die zotige Formulierung eines französischen Kritikers zu verwenden – »eine Fantasie für Onanisten, die ihre Hosen lieber anbehalten« war, ein hasenfüßiger Film, dessen erhabener Regisseur sein *droit de seigneur* gegenüber einem Meisterwerk der Literatur (Manns Novelle), aber auch gegenüber einem Meisterwerk der Natur (dem jungen Björn Andresen) in Anspruch genommen hatte, ohne über das dünkelhafte Protzen mit der eigenen, ach so distinguierten Fleischeslust und Kultur hinaus Farbe bekennen zu müssen, für dieses Publikum also stellte das spätere Werk mit all seinen offenkundigen Mängeln die eigentliche »Bearbeitung« der Mann'schen Novelle dar. Zumindest war es der manchmal fast quälend mutige Versuch, all das zum Vorschein zu bringen, was nicht nur in Viscontis Filmen – die unentwegt mit der Homosexualität kokettierten, ohne je über Koketterie hinauszukommen –, sondern auch in Manns Literatur stets unterdrückt worden war.

Bevor wir die Verfilmung von *Der Tod in Venedig* verlassen, wollen wir aber noch der Frage nachgehen, was nach dem internationalen Kinoerfolg mit Björn Andresen, dem »dritten« Tadzio, geschah.

Wer sich den Kurzfilm *Alla Ricerca di Tadzio* ansieht, für den kann es, kaum tritt Andresen im Klassenzimmer eines schwedischen Gymnasiums verschämt einen Schritt vor, um von dem luchsäugigen Regisseur in

Augenschein genommen zu werden, keinen Zweifel mehr daran geben, daß die Suche vorüber ist. Doch schon bevor Viscontis Wahl auf den Fünfzehnjährigen fiel, verlief dessen Leben nicht in den allerruhigsten Bahnen. Der 1955 außerehelich geborene Knabe hat die Identität seines Vaters nie erfahren, obwohl dieser laut einem sich hartnäckig haltenden Gerücht ein prominentes Mitglied der Königlichen Schwedischen Akademie der Wissenschaft sein soll, jener Organisation also, die den Nobelpreis verleiht (den 1929 auch Thomas Mann erhalten hatte). Im Jahre von Andresens Geburt heiratete seine Mutter einen norwegischen Geschäftsmann, von dem sie sich vier Jahre später jedoch scheiden ließ. Fünf Jahre vor der Begegnung mit Visconti, also 1965, verschwand sie und beging, wie sich später herausstellte, Selbstmord. Björn wuchs daraufhin bei seinen Großeltern auf.

Der Film eroberte bekanntlich den Globus, und sein »göttlich schöner« Held, wie ihn ein Kritiker damals taufte, folgte ihm nach, ohne daß er es je genießen konnte, wenn hysterische Mädchen ihm die Kleider vom Leib rissen, was bei den Premieren in London, Berlin und Tokio tatsächlich passierte. Doch Björns Karriere – um ein sehr großes Wort für ein paar kümmerliche Rollen in heute vergessenen Streifen wie *A Swedish Love Story* oder *Bluff Stop* zu verwenden – wurde durch seinen Agenten vollkommen verpfuscht. Schon für die Rolle in *Morte a*

Venezia hatte er läppische fünftausend Dollar bekommen, was er zuerst ungeheuer viel Geld fand (mit dem er sich sogleich ein elektrisches Klavier anschaffte), bis ihm Dirk Bogarde erzählte, seine eigene Gage sei hundertmal so hoch. Später war er, der über eine klassische Musikausbildung verfügte und in jungen Jahren am liebsten eine Rockband gegründet hätte, für die Arrangements einer schwedischen Bühnenfassung der *Rocky Horror Show* verantwortlich und spielte in einer kurzlebigen Produktion über die Beatles sogar John Lennon. Trotzdem wollte ihm nichts richtig glücken, so daß er schon mit gut zwanzig eine fast vergessene Größe war.

Doch auch privat hatte er wenig Glück. Wie Adzio verlor Tadzio eines seiner Kinder. Die scheinbar glückliche Ehe ging nach wenigen Jahren in die Brüche, nachdem sein neunmonatiger Zweitgeborener an plötzlichem Kindstod gestorben war.

Aktuelleren Interviews zufolge hat er im Leben wieder halbwegs Tritt gefaßt und wohnt inzwischen mit seiner Lebensgefährtin und ihren beiden Töchtern zusammen. Was aber seine Filmkarriere angeht, so wird man allenfalls noch in Schweden davon sprechen. Sein Gesicht scheint ihm mehr Unglück als Glück gebracht zu haben. Einem britischen Journalisten, der ihn interviewte, als er Mitte zwanzig war, verriet er: »Ich kann es kaum erwarten, älter zu werden. Ich bin mit einem Gesicht auf die

Björn Andresen in Morte a Venezia

Welt gekommen, das ich überhaupt nicht wollte.« Dann fügte er hinzu (und obwohl die zum Ausdruck gebrachte Gesinnung alles andere als originell klingt und die geschwollene Formulierung zudem den Schluß nahelegt, die Bemerkung sei vom betreffenden Journalisten zusammengeschustert worden, darf sie in einem Buch über den Mythos Tadzio nicht fehlen): »Es gehört zu den Übeln dieser Welt, daß wir Schönheit mit Jugend gleichsetzen. Das ist ein Irrtum. Augen und Gesicht sind die Fenster zur Seele und werden mit dem Alter und dem

Schmerz, die wir im Laufe des Lebens zu erdulden haben, immer schöner. Wirklich häßlich sind einzig Menschen mit einem schwarzen Herzen.«

Das erloschene Ideal

Wie bereits erwähnt erhielt Thomas Mann 1929 den Nobelpreis, welchen er schon 1911 angestrebt hatte. In der Folge verschaffte sich *Der Tod in Venedig* in verschiedenster Hinsicht hohes Ansehen, unter anderem auch zusehends als das eigentliche Schlüsselwerk der Homoerotik. Die von Mann beschriebene Spielart des Begehrens blieb zwar eine unterdrückte und zuletzt auch gänzlich unerfüllte, was Aschenbach auf den ersten Blick zu einem denkbar schlechten Vorbild für den modernen Schwulen macht, der keine Komplexe mehr kennt und sich in seiner Haut buchstäblich wohl fühlt. Doch erstens ist *Der Tod in Venedig* ein vollendetes literarisches Artefakt, zweitens hat kein Prosawerk von vergleichbarer Qualität, ob Roman oder Novelle, ob »positiv« oder nicht, dieses Buch je vom Sockel stürzen können, und drittens ist – seien wir doch ehrlich – die unerwiderte Liebe eines älteren Mannes zu einem jüngeren (wenn auch kaum je zu einem derart jungen, wie Thomas Manns Tadzio es ist) bis heute eine ernüchternde Konstante homosexueller Erfahrung geblieben; laut Anthony Heilbut, einem der zahlreichen Mann-Biographen, ist die dem Romancier eigene homoerotische Variante »ihrer Natur nach asymmetrisch, da sie den häßlichen Weisen mit lauter hübschen Hohlköpfen verkuppelt«. Aus den vorstehenden Gründen also hat dieses Werk seinen Platz an der Spitze der Schwulenliteratur – oder »Homotextualität«, um es mit einem Kalauer auszudrücken – halten können.

Natürlich gab es potentielle Rivalen, die Thomas Mann seinen Rang als Chronist homosexuellen Verlangens streitig zu machen suchten, doch aus unterschiedlichen Gründen hat keiner von ihnen je ganz überzeugen können.

Nehmen wir Gide. Obwohl er heiratete (freilich handelte es sich um eine *mariage blanc*) und eine Tochter zeugte (freilich nicht mit seiner schwer geprüften Gattin), war er nicht nur ein unbußfertiger Homosexueller, sondern auch der erste große Schriftsteller des 20. Jahrhunderts, der offen darüber sprach, indem er in einem berüchtigten Bekenntnis schilderte, wie er in Nordafrika auf seine wahre sexuelle Natur gestoßen wurde; sein Mentor war kein Geringerer als Oscar Wilde gewesen. Unter dem Titel *Corydon* verfaßte er sogar eine sokratische Apologie der Homosexualität; dieses exzentrische Buch führte dazu, daß sein Gesamtwerk auf dem später abgeschafften Index der katholischen Kirche landete. Doch weil man Gides sexuelle Neigung heute zweifellos pädophil nennen würde, ist es ihm trotz unermüdlichen

Missionierens nicht gelungen, sich auf einen der Ruhmesplätze der Nachwelt vorzudrängeln. Kein Aktivist der Schwulenbewegung hat sich je auf André Gide als Vorkämpfer berufen. Der einstige Pfeiler des katholischen Index kann heute außerhalb seiner Heimat allenfalls auf einen Eintrag im Index fremder Biographien hoffen.

Und wie steht es mit Proust? Obschon dieser im Privatleben seine Homosexualität keineswegs verbarg und wohl ohnehin der größte Romancier des 20. (oder jedes anderen) Jahrhunderts war und in seinem mehrbändigen Meisterwerk zudem eine ganz erstaunliche, um nicht zu sagen statistisch unwahrscheinliche Anzahl Figuren mit abweichendem Sexualverhalten versammelte, war Prousts öffentliche Haltung zur Homosexualität scheinheilig. Nicht nur paßte er in *A la recherche du temps perdu* das Geschlecht des Romanpersonals in kleinmütigem Konformismus an die herrschende Orthodoxie an – das berühmteste Beispiel ist Albertine, deren launenhafte Beziehung mit dem Erzähler von Prousts eigener eifersüchtiger Liaison mit seinem Chauffeur Alfred Agostinelli inspiriert war –, nein, er stellte seine schwulen Figuren auch noch allesamt als schmarotzerhafte Nichtsnutze hin, denen es bestimmt war, auf dem Misthaufen der Geschichte zu landen. (Der irritierende Mangel an *Einfühlung* in die Homosexualität war der Hauptgrund für Gides später revidierte Kritik an der *Recherche*.) Kommt ein vielleicht spießig klingender Einwand hinzu: Gerade heutige Leser schreckt es wohl eher ab, daß Prousts Roman im Gegensatz zu Manns graziler Novelle mehrere massive Bände umfaßt. Denn wer hat in unserem hektischen Zeitalter, wo einem in der Regel schlicht alles *zu lang* erscheint (eine Biographie ab fünfhundert Seiten, ein Film ab zwei Stunden, ein O-Ton-Kommentar ab zwanzig Wörtern) noch genug Zeit, um einen *roman-fleuve* über *die Zeit* zu lesen?

Und sonst? Cocteau? Für die meisten kommt er (wie vor ihm schon Wilde, jedenfalls bis zu dessen postumer Kanonisation) nicht in Frage, weil er zu verdreht, zu preziös und schlicht zu plapperhaft war, um als allgemeines Vorbild herhalten zu können – ein Negativimage, das unter Schwulen noch verstärkt wird, weil er es, von dem anonym publizierten Text *Le Livre blanc* abgesehen, kein einziges Mal gewagt hat, offen und ehrlich über Homosexualität – sei es die eigene oder die eines anderen – zu schreiben. Noch in den postum erschienenen Tagebüchern sahen sich seine Liebhaber als »Söhne« oder gar »Adoptivsöhne« porträtiert, als glaubte er damit die Nachwelt, ja Gott selbst hinters Licht führen zu können.

Genet? Ein Dieb, ein Schläger, ein Rhapsode der rauhen Gangart und somit nicht jedermanns Kragenweite. Forster? Er war ein Homosexueller ganz nach dem Geschmack der Briten, stoisch zugeknöpft und von

Schuldgefühlen zerfressen, und sein einziger Roman mit schwulem Inhalt, *Maurice,* vermag samt seinem überschwenglichen Happy-End weder als Literatur noch als Wunschdenken zu überzeugen. Isherwood? Unglücklicherweise war seine einzige wirklich unvergeßliche Schöpfung eine heterosexuelle Frau, nämlich die »Sally Bowles« seiner Berliner Geschichten. Gore Vidal? Zu patrizisch und narzißtisch, zu rundlich und selbstgefällig. Mishima? Zu japanisch.

Bleibt also Thomas Mann. Es fällt ja auch nicht schwer einzusehen, wie reizvoll *Der Tod in Venedig* bei all seinen heute irrelevant erscheinenden Zügen auf schwule Leser immer noch wirken muß. Auch unser Planet kennt seine erogenen Zonen, und für Homosexuelle zählte Venedig von jeher dazu, diese ranzige und an ein Pop-up-Buch erinnernde Stadt, die Cocteau einst mit »einer verliebten Negerin« verglichen hat, »die mit ihrem ganzen billigen Schmuck tot in der Badewanne liegt«, eine prächtige Brutstätte der (im biologischen Sinn) unfruchtbaren Liebe.

Der Kunsthistoriker Johann Joachim Winckelmann förderte im 18. Jahrhundert maßgeblich die Vorstellung von der italienischen Schönheit nicht nur als ästhetischem, sondern auch sexuellem Ideal. Obwohl seine Werke heute nicht mehr sehr häufig gelesen werden dürften, legte er als Wegbereiter des Neoklassizismus das Fundament zur modernen Kunstkritik und -betrachtung und verlieh so der »homosexuellen Diaspora« – jener fast magnetisch vom Süden angezogenen Wanderungsbewegung, der sich wohlhabende schwule Nordeuropäer, insbesondere Deutsche, Engländer und Franzosen, anschlossen – den willkommenen Anstrich kultureller Respektabilität. Winckelmann war selbst homosexuell und fiel im Jahre 1768 einem mysteriösen Mord zum Opfer. Sein ästhetisches Credo stand, was später noch bei vielen anderen der Fall sein sollte, in direktem Zusammenhang mit den eigenen erotischen Phantasien. Sein Ideal – ob skulptural oder sexuell, ob in Marmor oder in natura – war ein gerade in die Pubertät eingetretener Jüngling (»wenn er von den Athleten in Olympia sprach oder sich über die Schönheit von Marmorgenitalien ausließ, konnte man seine Lippen förmlich schmatzen hören«, schrieb Hugh Honour, der Historiker des Neoklassizismus). Dieses sowohl in seinen eigenen Schriften wie auch in denen von Platen, Byron, Pater, Housman, Wilde und Corvo verbreitete Ideal blieb für den homosexuellen Ephebenkult zentral, und zwar genau bis zum Tadzio in *Der Tod in Venedig* (obwohl er Pole ist, fügt sich seine blonde nördliche Blässe nahtlos in die schwülwarme und berauschende Aura jener Stadt ein, in der Aschenbach ihm begegnet).

Dieses selbstgewählte Exil funktionierte wohl nach dem Prinzip: Halb schob man sie, halb zog es sie. Die Schubkraft dürfte dabei der Wunsch oder auch Zwang gewesen sein, dem eigenen Land den Rücken zu kehren, die Zugkraft dagegen der fast unausweichliche Entschluß, sich in Italien niederzulassen. Die Homosexuellen verließen ihre nördlichen Heimatländer aus einem einfachen Grund: Es ist gar nicht so lange her, da galt Homosexualität in Großbritannien und Deutschland, den beiden wichtigsten Ausreiseländern, noch als strafwürdig. In Richtung Mittelmeer zog es die Betroffenen freilich auch noch aus ganz anderen Gründen. Man wollte dem manisch-depressiven Wetter im Norden Europas entfliehen. In Italien lebte man spottbillig. Eher dubiosen Gerüchten zufolge erreichten italienische Knaben die sexuelle Reife drei oder vier Jahre vor ihren nördlichen Geschlechtsgenossen. Außerdem rühmte man diese Burschen für ihre sexuelle Offenheit, die angeblich nicht von Geschlechtspräferenzen eingeschränkt wurde. (Ein gewisser Dr. A. Sper schrieb 1902 in dem nicht gerade unparteiisch gehaltenen Pamphlet *Capri und die Homosexuellen*: »Hier braucht man sich an einem Halbwüchsigen nur halbwegs interessiert zu zeigen und sein lockiges Haar oder seine Mandelaugen zu loben, schon fängt der junge Mann zu poussieren an.«) Neapel, Capri und Venedig konnten allesamt auf eine Geschichte der institutionalisierten Pädophilie zurückblicken (auch Kaiser Tiberius füllte das Schwimmbecken auf Capri gerne mit seinen »Elritzen«). Und man darf nicht vergessen, daß die gebildeten Homosexuellen ihren Vergil und Theokrit durchaus gelesen hatten und deshalb ihre Ausschweifungen zu rechtfertigen vermochten, indem sie sie in die noble kulturelle Tradition klassisch-pastoraler Tändeleien stellten.

In den ersten beiden Jahrzehnten des letzten Jahrhunderts wich die Kavalierstour aber allmählich einem Tourismus, der keines Kavaliers mehr würdig war, so daß sich die klassische Analogie kaum länger halten ließ. Es wurde immer schwerer, sich als zeitgenössischen Zeus in weißem Anzug und Panamahut zu verstehen, der zu den Sterblichen hinuntersteigt, um einen hübschen Ganymed zu entführen – dafür sprang der finanzielle Aspekt bei der ganzen Sache, den es schon zu Winckelmanns Zeiten gegeben hatte, inzwischen einfach zu sehr ins Auge. Und als dann plötzlich die Stadt Taormina ins Zentrum des Geschehens rückte, wo der Amateurfotograf und -pornograph Baron von Gloeden, eine Art Mapplethorpe jener Tage, sein Stativ aufstellte und den schmuddeligen, proletarischen Körpern von durch Zahnlücken verunzierten sizilianischen Gigolos die Posen und Requisiten einer konventionellen, kodifizierten Antike aufpfropfte, da drohte das Ganze in geradezu grotesken Kitsch abzugleiten.

Was aber ist heute noch von dem einst hehren (und natürlich auch scheinheiligen) Ideal geblieben? Nichts als der räuberische Sextourismus, der die europäischen Pädophilen immer weiter in den Süden zieht, wo sie sich ihre noch jüngeren, noch ärmeren, noch billigeren Ganymede in »Schwulenparadiesen« wie Sri Lanka, Thailand und den Philippinen kaufen. Scheinheilig wird man ein solches Gebaren allerdings nicht mehr nennen dürfen.

Die Bedeutung von *Der Tod in Venedig* innerhalb der soziokulturellen Geschichte der Homoerotik liegt also einerseits darin, daß dieses Buch den letzten Atemzug, das letzte legitime Piepsen der neoklassizistischen Mytho-Ikonographie darstellte, die es Europas kultivierten, begüterten Homosexuellen über viele Jahre hinweg ermöglicht hatte, ihre sexuelle Vorliebe in den Archetypen klassischer Poesie zu verschlüsseln und zu sublimieren. Andererseits war die Novelle aber auch eine ironische Kritik an besagter Mythologie. Die oft verspottete Schlußszene – gerade bei Visconti, der aus Bogardes tränennassen Augen zwei parallele Mascarabächlein rinnen läßt –, Aschenbachs Dahinscheiden auf dem Lido also, während er einen halbnackten Tadzio vor der schlafenden See posieren sieht (»Ihm war aber, als ob der bleiche und liebliche Psychagog [...] hinausdeute, voranschwebe ins Verheißungsvoll-Ungeheure«), zeugte keineswegs von einem bedauerlichen geschmacklichen Fauxpas Thomas Manns. Vielmehr war ein Ideal erloschen, weshalb Zeus endlich als das entlarvt werden konnte, was er schon immer und selbst in seiner makellosen mythologischen Blütezeit gewesen war: ein alter Lustmolch.

Der anhaltende Reiz von Manns Meisterwerk liegt also – um mit David Luke, einem seiner Übersetzer, zu sprechen – gerade in der »erstaunlichen Verschmelzung von Realismus und konkretem Symbolismus«, in der bizarren stilistischen Verquickung von erhabenem Klassizismus und allgegenwärtiger und doch verklausulierter Lüsternheit, verbunden mit der in der erzählerischen Konstruktion steckenden und ebenso bizarren Verquickkung von psychologischer Kranken- und mythologischer Liebesgeschichte.

Epilog

Im heutigen Hollywood steht und fällt die erfolgreiche Lancierung einer neuen Filmproduktion oft damit, wie erfolgreich der Regisseur oder Drehbuchautor seinen *pitch* präsentieren kann. Was aber ist ein *pitch?* Dieser Begriff, dem Robert Altman in seinem Film *The Player* ein Denkmal gesetzt hat, bezieht sich auf die der Produktion vorangehende Sitzung, in der es den sogenannten kreativen Künstlern gelingen muß, die Geldgeber *in einem einzigen Satz* vom kommerziellen Potential ihres Projektes zu überzeugen.

Die praktischen Konsequenzen eines solchen Diktats – daß nämlich kein Film, dessen Handlung sich nicht in ein Dutzend Wörter fassen läßt, beim breiten Publikum je richtig einschlagen wird – gelten außerhalb Hollywoods generell, und meistens völlig zu Recht, als schlagender Beweis für die unausrottbare Borniertheit der amerikanischen Filmindustrie.

Und doch ... betrachten wir einmal folgende *pitches:* Ein einbeiniger Schiffskapitän opfert sich für die besessene Jagd nach einem großen weißen Wal. Ein Mann stellt morgens beim Aufwachen fest, daß er sich in einen Käfer verwandelt hat. Ein junger König möchte den Grund für die im Königreich wütende Pest herausfinden und entdeckt mit Schrecken, daß er seinen Vater ermordet und seine Mutter geheiratet hat. Oder – und bestimmt weiß der Leser bereits, was nun kommt – ein hochangesehener deutscher Schriftsteller wird im choleraverseuchten Venedig durch seine weder erklärte noch erwiderte Leidenschaft für einen hinreißend schönen Polenknaben in den Tod gelockt.

Es wäre absurd zu behaupten, ein Roman oder gar eine Novelle seien wertlos, nur weil sich ihre »Essenz« nicht in ein Dutzend Wörter fassen läßt. Die Ausnahmen sind buchstäblich Legion. Doch jenseits seines gegenwärtigen Status als homosexuelle Variante von *Tristan und Isolde,* jenseits auch seiner formalen Vollkommenheit ist *Der Tod in Venedig* – wie Mann dies bereits andeutete, als er seine eigene Rolle bei der Entstehung der Geschichte weniger als Schöpfer denn als Protokollführer definierte, der statt einer Reihe völlig fiktiver Einfälle vielmehr eine Reihe teilweise realer Begebenheiten ordnete – gerade deshalb so unvergeßlich, weil dem Buch einer der großen, schlichten *pitches* der Weltliteratur zugrunde liegt.

Der Werdegang eines Menschen hingegen wird nie über die Wohlgeformtheit und Lesbarkeit eines *pitch* verfügen. Lebenslinien verdrehen und verwickeln sich, sind voller erzählerischer Ungereimtheiten und Kehrtwendungen, produzieren viel zu viele lose, unverknüpfte Stränge und sind oft nichts anderes als ein aus Längen und Langeweile bestehendes Geflecht, gespickt mit halbwegs mitteilenswerten Ereignissen und durchlöchert von derart haarsträubenden Zufällen, daß nur die übelsten oder unfähigsten Literaten sie als Vorlage für ein seriöses belletristisches Werk nehmen würden, das diesen Namen auch verdient.

So also verlief das Leben des Wladyslaw Moes. Vielleicht wird ihm ein kleines Buch gerecht. Wie das Leben der meisten Menschen läßt es sich unmöglich in einen *pitch* kleiden.

Danksagung

Der Autor möchte besonders Maria Tarchalski, aber auch Wojciech Fudakowski herzlich danken, weil sie ihm ihre Erinnerungen anvertraut haben.

Bildnachweise:
Vor-, Nachsatz, Seite 12: Keystone, Zürich
Umschlag, Seite 85, 99, 111: Cinetext, Frankfurt/M
Seite 28, 35, 40, 49, 52, 55, 59, 67, 72, 79: Maria Tarchalski, Paris

Gilbert Adair,
Der Tod des Autors
Roman
154 Seiten
€ 19.95, sFr. 36.–
3-905513-08-0

»Dies ist eines der witzigsten und gescheitesten Bücher über Literaturtheorie geworden, das sich denken läßt.«
Hannes Hintermeier, Die Woche

Gilbert Adair,
Liebestod auf Long Island
Roman
176 Seiten
€ 19.95, sFr. 36.–
3-905513-09-9

»Preziös und komisch.«
Gustav Seibt, Berliner Zeitung

Gilbert Adair
Blindband
Roman
224 Seiten
€ 21.–, sFr. 38.–
3-905513-13-7

»*Blindband* – etwas so Furioses und bösartig Brillantes wie diesen jüngsten Roman Gilbert Adairs gab es lange nicht mehr.«
Michael Maar, Die Zeit

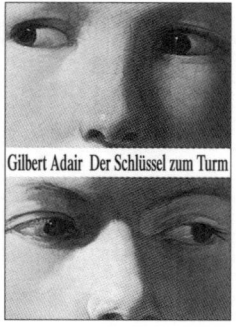

Gilbert Adair
Der Schlüssel zum Turm
Roman
176 Seiten
€ 19.95, sFr. 36.–
3-905513-18-8

»*Der Schlüssel zum Turm* ist ein weiterer scharfsinniger, geschliffener Kunstkrimi, eine schillernde Hommage an Suspense Maestro Hitchcock.«
Egbert Hörmann, TIP

Gilbert Adair,
Wenn die Postmoderne zweimal klingelt
Variationen ohne Thema
208 Seiten
€ 21.–, sFr. 38.–
3-905513-19-6

»Gilbert Adair ist ein Ketzer. Es bereitet ihm ein ansteckendes Vergnügen, im Schmöker das Kalkül, im Prätentiösen das Platte, im Einfachen das Komplexe aufzudecken.«
Hermann Wallmann, Süddeutsche Zeitung